Symmetry of Passion

OTHER LITERARY BOOKS BY STEVEN

Supermanifold: Poems from Ukraine
(poetry in English)
PenRose Publishing, 1993 (USA)

Reflexoes
(poetry in Portuguese)
IWA Bluffton College Press, 1993 (USA)

Dream
(poetry in English)
IWA Bluffton College Press, 1993 (USA)

Page of the West
(poetry and prose in Russian)
Abduction of Europe Press, 1995 (Ukraine)

Pheophania's Night
(poetry in English and Russian)
Morgan Press, 1995 (USA)

Alien
(poetry in English) JVC Books, 1995 (USA)

Motifs of Years
(poetry in Russian)
Kaiserslautern University Press, 1995 (Germany)

Angel
(poetry in English) JVC Books, 1997 (USA)

In Cry
(poetry and prose in English and Russian)
Mitez, 1999 (Ukraine)

Chinese Dash-Dotted
(travel splashes from China)
Georg-August-Universität Press, 2001 (Germany)

Dash-Dotted
(poetry in English and Russian)
Trilingual Press, 2012 (USA)

Supermanifold of Life
(poetry and prose in nine languages)
Trilingual Press, 2014 (USA)

Bosonization of Feelings
(poetry and prose in Russian)
Central West Publishing, 2019 (Australia)

Poetification of the Soul
(poetry in English)
Lysestrah Press, 2020 (USA)

Симметрия страсти
Symmetry of Passion

Стихотворения
Poems in Russian

Степан Дуплий
Steven Duplij

University of Münster, Germany

Edited by Stanley H. Barkan

Cross-Cultural Communications
Merrick, New York
2022

Symmetry of Passion / Симметрия страсти
Copyright © 2022 Steven Duplij / Степан Дуплий
Edited by Stanley H. Barkan
Cover Design by V. I. Podrushnyak / В. И. Подрушняк
Layout by S. Duplij/С. Дуплий: XeLaTeX using gmverse

Published in the United States by
Cross-Cultural Communications
239 Wynsum Avenue, Merrick, NY 11566-4725/USA
Tel: (516) 868-5635 / Fax: (516) 379-1901
E-mail: cccpoetry@aol.com
http://en.wikipedia.org/wiki/Stanley H. Barkan
Distributors: SPD / Amazon Books

Library of Congress Control Number: 2022947743
ISBN 978-0-89304-573-9

Содержание

III *Прошлое есть — непрошлого нет*   **403**

Часть I

Любовь есть — нелюбви нет

Бесконечная расплата

В этом мире —
На лезвия кромке —
Вновь хватаюсь за воздух души.
Усмехаясь, потерями вскормлен.
Что теперь остается? — Пиши.

Что писать? — Горько-липкое время
Познается, когда его нет.
Наудачу покинутый всеми,
Отраженье — иссохший скелет.

Чтоб во сне не являлись оттуда,
Застилаю постель на двоих,
Зря тепло экономлю до утра —
Что ж, не будет ни тех, ни других.

Стихотворение 1

И тогда, обезумев от страха,
Испещрю бесконечным статью —
Может, это и есть их расплата:
Все, что стынет на дне, я допью.

В этом Мире —
На лезвия кромке...

Ряды

Годы летят
А настоящего — все меньше.
Эмоций низших ад,
Ряды исплаканных
Любимых-ненавистных женщин —
У изголовья
В одиночестве стоят.
Вот весь ваш яд —
И снова не испить его...
И годы — не вернуть назад..

Стихотворение 2

В Феофании дождь

В Феофании дождь —
Избавляюсь от снега
Остывающих, прошлым
Отторгнутых лет.

Чем их смысл превозмочь,
Не устроив побега
От палитры злословий
Раскаянных "нет"?

Притихает струна,
Чтобы пережить снова
Ускользающий в ноль, дна
Избитый сюжет.

Как, не стратив, узнать,
Что без фальши готов я
К ненасытности уз? — Лесть
Рисует обет.

Стихотворение 3

В Феофании дождь —
Нескончаемый берег
Спать уставшей надежды,
Несказанных слов.

В Феофании дождь —
Глубину не измерить
Пустотой своих прежних
Испитых долгов.

Незнакомке

У тебя свои,
У меня свои —
Мы полны ожидания
Крика новой любви.
Но — опять не с тем.
Сотни бывших схем,
Растворяют желание
В бесполезный тлен.

Твой украдкой взгляд,
Мой — глаза горят:
Превращают стремление
В разность координат.
Знаем оба мы —
Прошлого не смыть.
А в остатке — среднее,
Пустота и быт...

Стихотворение 4

Города

Красивые города — как женщины.
Их чистые улицы главные,
Неподдающиеся описанию красоты
Соборов, мостов и памятников.
Они не дают расслабиться,
Бежать надо все осматривать,
Выслушивать их истории,
Которые в ложь одинаковы,
Как и одинаков ты.
В миг только лишь привлекательны
На том расстоянии вымыслов,
Что мы наполняем, не думая
О пересеченьи времен.
Картины рассказов затасканных
Воображенье захватывать
Должны по тому же правилу,
Что нам не дает остыть.
От женщин не скроешься в ненависть,
Как от городов нанизанных

Стихотворение 5

На калейдоскоп из ласковых,
Любимых до скучности мест.
Горят ненасытным ужасом
Глаза, как огни на площади,
Которую все постараются
На плане любви посетить.
Красивые женщины сотканы
Как и города — из вечности
Желаний и снов неизведанных,
А вместо реалий — мечты,
Которые в стон рассыпаются,
Когда вдруг проходишь по камням их,
Уверенный, что ты единственный,
Идущий таким же путем.
Но все растворяется временем
И неизбежной ненужностью,
Поэтому их забываемость
Построит фундамент другим.
Красивые города — как женщины?...

Вакцина нежности

Зачем эмоций столько из любови рвал на части?
Стоял у дома каждой и дрожал, измяв цветы?
Потом — скандалы, крики, переезды,
                                    псевдострасти,
Остались тщетными для ран — мега-обид бинты.

Давно ушли, нет чувств — ни в памяти, ни в сердце,
И даже имя каждой — вспомнить не могу.
Вопрос простой, что форте на душевном скерцо:
Истратил день у жизни — ночь вопит: «Опять в
                                    долгу».

Кому, когда и чем, возврат чего, за что оформить?
А тем воздастся ли — за каждую мою слезу?
Вендеттой мир знобит — на прошлости святой
                                    платформе:
Вакцину нежности — и вновь, смеясь, уйти в
                                    грозу?...

Стихотворение *6*

Визави

В ночь — никто не звонит...
Я забыт, словно падаль.
Кому нужен теперь,
Кроме белых больниц?
И, как раненый зверь,
Что бредёт на засаду,
Вновь пытаюсь ожить
Из прочитанных книг.

Не о бренности речь,
А о том, что — нет смысла
Ни в какой из ненужных,
Надоевших ролей
Продолжать этот бег
Без осознанных мыслей,
Вне поставленных целей,
Чтоб в конце — "веселей".

Стихотворение 7

Да и дело не в том,
Что я жду чей-то голос.
Просто все они были —
На подбор — без любви.
Их корыстью и злом
Вся душа искололась.
Повторений закаты,
Жизнь — моя визави...

Почти юношеские грезы

О, милая, закрыв глаза,
Я вижу светлое обличье.
Оно прекрасно — сон ли это?
В глазах — вселенские глубины,
Ум, чувство, радость и экстаз.
Твой облик соткан весь —
Из млечных звезд.
Туманности как локоны трепещут,
Как волны у бушующего моря.
Но вижу в них не только очертанья,
А все — до глубины души.
Она — загадочно неповторима,
Но более всего — желанна.

Чем дольше вглядываюсь я в глаза
Нежданной девы, что ко мне явилась,
Тем убежденно ясно — это Ты.
Откуда снизошла — не знаю.
Ты послана Им свыше мне?
Да, если бы так это было...
А сердце извелось от ожиданья,
Чтоб я был самый-самый
Счастливый в мире — человек.

Вредные любовные советы

1.

Если Вы в эксперименте
Попадаетесь под лучик
Из частичек с напряженьем
Выше, чем сто тысяч вольт,

Вы постойте там подольше,
Потихоньку раздеваясь,
Поточней направьте лучик
В место, скрытое от всех.

И тогда — идите смело
К ней на нежное свиданье:
Ведь нежданное отцовство
Не грозит Вам никогда.

2.

Если он перед признаньем
В неземной любви до гроба,
Спросит справку из кожвена,
Морща сальные глаза,

Покажите ее тут же,
Чтобы пыла не разрушить,
Поцелуйте его нежно,
Глядя честно на лицо.

И тогда — после оргазма
Объясните, что с ним будет...
Что он может эту справку
Смело выбросить в ведро.

3.

Если хочется неделю,
А она все не приходит,
От компьютерных сидений —
Абсолютнейший застой,

Не грусти, не убивайся,
В Internet сходи на часик,
Сотню девочек изящных
Неодетых позови.

И тогда — они помогут
Вместе разрешить проблемы,
Вновь наполнят смыслом жизни
Руку правую твою.

4.

Если муж смеется странно,
Когда ты его попросишь...
Задержаться на работе
Лишних полтора часа,

Ты развей его сомненья
И скажи, что две подруги
До полуночи сегодня
Будут шить тебе пальто.

И тогда — ему не будет
Так же стыдно и неловко
В гараже чинить машину
До полуночи... вчера.

5.

Если Вы спросили гостя:
"Сколько раз на личном фронте?"
А он вдруг побить стаканы
Без стеснения решил,

Поощряйте изверженье
Неисполненных желаний.
Значит Вы попали в точку —
Фронт не может ничего.

И тогда — спросите тихо,
Стоит ли вопрос эмоций?
Все уладится без драки,
Если сходит он к врачу.

6.

Если ты вдруг обнаружишь,
Что партнер того же пола,
А барьеры уже сняты
И на вас ничего нет,

Не теряйте обладанья
Тел двух жарких, ненасытных,
Не вступайте в разговоры
И любите до конца.

И тогда-то вы поймете,
Что такое разрушенье
Надоевших догм и правил,
Относительность полов.

7.

Если ты в библиотеке
Обнаружишь возбужденье
От разнузданных картинок
Неприкрытых рыхлых тел,

Восхищаясь Возрожденьем,
Доставай свою резинку
И с вопросом идиотским
К каталожнице беги.

И тогда — она покажет,
На какой же полке книга.
Попроси ее нагнуться
И немножечко... достать.

8.

Если ты во время акта
Говорить захочешь с мужем,
Набери по телефону
Номер офиса его.

Пусть он спросит с интересом,
Чем ты занята так поздно,
Когда он в изнеможеньи
Завершает свой чертеж?

И тогда — скажи ты честно,
Как заведено годами:
"В парикмахерской напротив
Под сушилкой я сижу".

9.

Если, лежа в полумраке,
Ее крепко обнимая,
Вы услышали, что кто-то
Тихо в комнату вошел,

Не бегите в окно прыгать.
Кто ж сидит на табуретке?...
Дедушка от любопытства
Ностальгически сопит.

И тогда — вы продолжайте,
Но ему скажите громче:
"Много правой не старайся —
Будет инсульт, как всегда".

10.

Если девушка стремится
Соблазнить тебя с разбегу,
Чтобы скучные мотивы
Из души своей прогнать,

Не перечь ее стремленьям,
Убеди, что это лучше
Безо всякого стесненья
Ей с подружкой совершить.

И тогда — откройся смело,
Объясни, что ты не можешь
Изменять больному другу —
"Пояс верности на мне".

11.

Если люди, как обычно,
Новых ждут стихотворений,
Излияний и миазмов,
Полных стонов и наив,

Сядьте же за стол без страха,
Что Вы долго не творили,
Оправдайте их надежды —
Вы найдете, что сказать.

И тогда — поймут ребята —
Это вам не телевизор,
Не компьютер, не стиралка,
В сплине, лежа на диване,
Кнопки страсти нажимать.

Всем по счастью

Я приносил всем женщинам — по счастью,
Они мне отвечали — не любил.
Потом — изнеможенье, быт, ненастье.
Нет, не забуду, что не с той — остыл.

Они не спрашивают о былых победах,
Совсем не верят в то, что я не в них.
Нет, не иду по собственному следу.
Им не понять мой разъяренный стих.

Они все предали меня — и что же?
Мне так смешны их праздники во тьме.
Я поднимусь из пепла, чтоб умножить
Предназначение на силу, что во мне.

Стихотворение *10*

Неправильный сон

Наутро вновь снится —
                              неправильный сон:
Я — в прошлом, все — живы,
                              и — снова влюблен.

Терзающий запах
                              неласковых рук,
Застолье привычных пороков.
                              Вдруг — стук:

Она приходила —
                              без спросу, навзрыд.
Судьба в крик молила —
                              так надо. Знобит.

Надежды диезной —
                              нот стан за окном,
Распластанный бездной утрат,
                              приму слом,

Но — только играя,
            над внешним собой,
Смеясь, превращая
            в строку деву-боль.

Наутро вновь снится —
            неправильный сон:
Я — в прошлом, все — живы,
            и — снова влюблен...

Стрела истины

Мечтаний высшие порывы
Неприкасаемо храним.
Вдруг ты сказала: "Полно, милый..." —
Напрочь забыл их терпкий дым.

За примитивностью интима,
В надежде радость получить,
Теряем смыслы, цели, силы,
Мир внутренний — в конце лишь быт.

Куда направлен страсти ветер? —
Сметает искренних с пути.
За это мы пред кем в ответе?
Где истины стрелу найти?..

Жду стихов

Жду стихов,
А ты — по быту.
Понимаю —
Не стону.
Всех оков —
На зла орбиту?
Изласкаю,
В ниц прильну...

Жду любви,
А ты — про деньги.
Переводы —
Не спасут.
В грех одна:
Судьбы — ступеньки.
А стремления? —
Солгут.

Жду тебя —
Без пререканий.
Всё, чем бредил —
Не сбылось...
Заострить
Наива граней
Чувством нег —
Не удалось.

Смех. Не жди
Звонков оттуда.
Тех — уж нет,
Мечты — не здесь.
Прошлость — друг
И душ простуда.
Высь — забудем...
Жизнь — как спесь...

Метаморфозы

В крик не хочу, чтоб ты была волчицей,
Которая, хоть сколько ни корми,
Мечтает — в лес: свободною блудницей,
Что души гложет,
Будто бы иных — долги.

В плач не хочу, чтоб ты была собакой,
Насильно преданной и верной, но не мне —
Враждебным силам и условностям, с
                              гримаской,
Которым зримого предела
Фарисейства — нет.

Мечтаю, чтоб ты стала настоящей,
Творящей, чувствующей, верящей в себя
И в наш мотив, обоих нас молящий
Его испеть, друг друга,
А не наслаждения — любя...

Стихотворение *14*

Клеймо

На уходящих вдаль
Клейма не ставлю — негде.
Их жизнью
Полированный грааль —
Касает нежно.
Надеюсь, жду,
Себя измучиваю — сплю.

Да,
Те они давно исчезли —
Хохот, плеск...
Молчит эфирный ветер
Времени,
И злит
Наигранность мечты —
Поет печаль...

Стихотворение *15*

Скучание по русской женщине

В крик скучаю — по русской женщине.
Western будто бы — интересны: бред.
Ведь у них — того нет, что я хочу:
Пледа нашести, пониманья слов.

Блеск неискренних лже-условностей,
Мракобесие, миллион «хочу» —
Вне любимости и стремления
К растворенью душ и сердец двоих.

Изобилие — не рождает страсть,
Путешествия — не дают покой.
Макияж — считается глупостью,
Недостойной тратой их времени.

Обязательства — как незыблемы,
Отступлениям в сантиметры — бой.
Нескончаемых унижений плен
Превращает жизнь — в ожиданье сна.

В крик скучаю — по русской женщине...

Стихотворение 16

Покрою нежностью

Маме...

Покрою нежностью
Могилу свежую —
Твою.

Поле безбрежное
Крестов обрезанных —
Люблю.

Сорву нетронутый
Бурьян со стонами:
"Прости".

Согрею сон собой
И шепотом: "Постой. —
Да. Жди"...

Стихотворение 17

Пойми

Побудь со мной,
Когда уйду —
Им не звони,
Себя не трогай.
Давно остывшую беду
Оставь за времени порогом.

Сомнений липкий рой
И стыд,
И недосказанные мысли
Не разорвут
Наш лист —
Пойми,
Слиянье — здесь,
Но путь — неблизкий.

Становление

Незримо человеком станешь для себя,
Когда, преодолев систему блоков и уверток,
Ты сможешь ножницы внутри соединить
Между той истинной, что глубоко в тебе,
Которую не хочешь знать и видеть
Без ярких и блистающих одежд из самолжи,
И той, кем прикрываешься усиленно снаружи,
Приукрашая признаками неподдельности

святой.

Как только ножницы соединятся меж собою,
Не будет страшно — искренне сказать
Невероятные до сей поры, но честные

слова и мысли.

Стихотворение *19*

О столь безумной дерзости с собою
Ты раньше и подумать не посмела бы
Без содрогания, протеста,

                    собственных насмешек,
Боясь унизиться — что может быть страшней
Достоинства, что не оправдано ничем в себе,

                    не потерять.

На самом деле — эта боязнь — вслед,
Внутри всю разрушает и калечит —
И начинается бесплодная борьба в себе,
Как бы сначала — но и без конца и вниз,
Где властвуют инстинкты безраздельно,
Душе и духу — места нет и быть не может.

Здесь не помогут оправданий сотни тысяч
И неприступность объективных обстоятельств,
И нежелание незаживаемую рану нанести —
Иль мне, или кому-нибудь иному.

Когда, отбросив прошлую себя, решишься

                    вновь,
Почувствуешь, какое облегченье душе больной
Приносит снятие в самой себе конфликта,
Открытой станешь ты —

              для творчества и созиданья.

Разрядок — и моральных, и физических десятки,
А приключения — побольше
Мнимо-новых чувств набрать —
Повергнут лишь в бездарную пучину
Пороков злых, во всем себя упреков,
В захлебыванье постоянно бьющей,
Но проникающей во все виной
И безразличие пустеющей души небытие.

Из нескольких, давно уже невыносимых
Своих никчемных надоевших жизней —
Не бойся, вопреки себе, холодной и разумной,
Прожить с действительным достоинством одну,
Но полную, единую и настоящую,
Как утром чистая вода из родника.

Переход

Так совершился ль переход
От муки прошлой
К страсти новой? —
Вопрос покоя не дает,
Багровый.

А может — полностью готов
Лишиться зла ненужных грузов,
Достойно взмыть ввысь без оков? —
Пределы ждут,
Свершеньям нужен.

Стихотворение *20*

Двенадцать пив

Не могу никого уж любить,
Только нежно с тобою побыть.
Добиваться нет страсти, нет зла —
Белых лет разобью зеркала.

Оторвать от двенадцати пив
Разных вкусов мужчин. Их мотив
Забывать можно лишь по частям,
Чтобы ноты расплакались — нам.

Отзовем память бренных оков
И расстелем нетексты из слов,
Прокричим прошлым их тишину,
Не дадим предстоящим вину.

Не влюбиться, а только чуть-чуть
Из рутины в мечту ускользнуть.
Встреча в мае — молила не зря:
Жизни сможем достичь января.

Стихотворение *21*

Мертвая мама

Я с тобой,
Как с живой —
Говорю,
Как молчу —
И никто нам —
            не смеет мешать.

Я верну,
Пусть одну,
В миражи
Свою жизнь,
Чтоб тебе,
            не боясь, рассказать.

Как упал —
Не стонал,
Хоть тонул,
Не свернул
С той дороги,
            шептала что мне.

Стихотворение *22*

Я лечу —
Страшно чуть,
Что — один,
Чуждый — сгинь.
Тебе верен
         во всей глубине.

Сон внушить,
Чтобы жить,
Не кричать,
Зубы сжать —
Не рассеять
         от истины свет.

Возблистать
И не ждать —
Ночь зовет
День-фокстрот.
Тебя нет,
         но ты есть — мой завет.

Текст

Не жить ни с кем,
  Не спать в обнимку,
Холодных стен —
  Бояться не хотеть.
Итог застыл —
  В ненужных снимках.
Совсем забыл,
  Кому хотел в них спеть.

Бросал не раз —
  Себя, других и вечность.
Познал экстаз —
  Предательств и любви.
Включил инет —
  И байтов безупречность
Затмила свет,
  Идущий изнутри.

Стихотворение 23

Как написать
      Тот текст, что не исчезнет?
Рабом не стать,
      Не делать из иных?
Незримый след
      Очерчивать — не лестью?
Сомнений плед
      Рождает новый стих...

Разлука

Разлука рождает разлуку —
Чего ж от судьбы еще ждать?
В прихожей — ненужного стука,
Чтоб дверь затворилась опять?

Душа размывает оковы
Безумного страха не-Я.
Не слышно разумного слова
Вне стен — пустота бытия.

Грядущие планы — истлели
Листвой безысходности дней.
В ненужном конечном пределе
Вновь видится цель — из камней.

Простор окружающей глины
Из их безразличия слов.
Не тексты я помню — но спины,
А лица — в тумане долгов.

Стихотворение 24

Разлука рождает разлуку...
Откуда же призрачный свет?
Предчувствие нежного звука
Желания тех, кого нет...

Плейбой интернета

Разреши мне тебя завести —
Чтоб извлечь из души сотни байтов.
Им, ушедшим сполна отомсти
На страницах бесчувственных сайтов.

Только мне позволяй быть собой,
А не средством болеутоленья.
Подыграть бы я смог, как плейбой —
В том сама не найдешь избавленья.

Сайт стихов иль знакомств — все равно:
Не унять ими стон одиночья.
Интернет — лишь иллюзий окно,
Вместо лиц — слов пустых многоточья...

Вид на предательство

Ты предавала молча всех,
Друзей, любимых, сына, мать.
Отца — хотела, не предать,
А — как мужчину...
Но сказать...
Нет, не могла.
Псевдоуспех
Разменом стал — на псевдожизнь.

Теперь пришел черед страны —
И не одной, а сразу двух.
Как прошлых, так и будущих —
Предатель остаётся им — для всех.
И будущем, и в прошлом.
Как окружающих, дарящих —
Насилуя безбожно,
И — отдавая ноль,
Послала, как и тех,
Кто вкладывал в тебя.
Клянчишь униженно
Под блефом "обучений"
Ничтожный "вид на жительство",
Иль на убожество, как знать.

Все "астро-предсказания" твои —
Игра, враньё и бред
Самовлюблённой, перезревшей тени.
Лишь комплексы — "как я умна".
Твоих слов пустота,
А страсть — лишь деньги,
Побольше снять, нагадить в душу
И сбежать...

Всю неприкаянную "жизнь"
Ты шла по трупам, ну и что?
Нужницею быть современно:
Контакты — по нужде,
Эмоции — от полученья
Того, что вовсе не твоё.

Где результат? -
Одни потери.
Не только тех, кто был с тобой.
Но и души.
Без дома, нежности, любви.
Где смысл метаний по чужим

                    квартирам,

Городам и странам?
Там нет того, что ждешь...

Ни слову твоему, ни жесту -
Нет, ничему давно не верю.
Мне просто жаль, что знал тебя.
И ложь твою, и низость...
Ну что ж — ничтожному своё.
Предателям — ненужность и забвенье...
А я продолжу, чтоб иллюзии принять
И — в бесконечный омут,
Водоворот развития, преодоленья -
Что зовётся жизнь.

От издевательств

От — издевательств я твердею
И забываю имена
Всех предыдущих, жён. Посмею
Сказать им в ниц: "Идите на..."

От — остановок несуразных
Не там, не с теми, не за тем
Рябит в душе. Однообразны
Пейзаж и время, краски стен...

От — незаконченности жизни
Уже не веет новизной
Забытых чувств. Их укоризной
Не утолить желаний слой.

От — неразобранных завалов
Невыполненных псевдодел
Мне просыпаться стыдно. Славы
Уже не хочется: предел.

От — неудач я только строже
Анализирую полет.
Чтоб не сложить их, а умножить
Мои идеи — ввысь, вперед...

Торг

Отвлекаясь от смыслов
Незначимых,
Помоги себе стать
Озадаченным —
Не пустым.

Предавая мечту
Незаметно в ней,
Не меняй свою избранность
Светлую —
На интим,

Суету и потоки
Словесные,
На поступки, с собой
Недочестные —
Оборви

Бесполезный восторг
Обладания,
Не устраивай торг
Из сознания,
Но — живи.

Ты — не я

Я не чувствую, что ты — не я.
Нет, не хочется влечь иных.
Из потерь и предательств ряд —
Заставляет забыть все сны.

Вспоминать городов скайлайн
И жалеть обо всех — без лиц.
Мост мечты из уставших свай,
Остановка — у лет границ.

Не зову ни тебя, ни их,
Несмотря на укора взгляд.
И найти не могу слов простых,
Я не чувствую, что ты — не я.

Стихотворение 29

Не разбей

Нас любовью заклинаю,
Ниц прошу тебя — не лги.
Милой — назовись родная:
Вместе выжить — помоги.

Склею из потерь характер,
Твой — безропотно пойму.
На снов берег, псевдосладкий,
Проплывем — сквозь грех и тьму.

Грозы споров — не лишенья —
Обернутся душ одром:
Лаской — изломить сомненья,
Не разбавив страсти ром.

Стихотворение 30

Был девственником я неоднократно

Был девственником я —
неоднократно,
Всех жён своих —
отверженно любил.
По вечерам всё делал им —
приятно,
А по утрам голышек...
тапком[1] бил.

Испробовал вкус женщин,
их смешенье —
Характеров, профессий,
цвета глаз.
Но после них нашел —
себя забвенье,
Предательство, а нужность —
лишь на час.

Стихотворение *31*
[1]Тапок — разг. ед.ч. муж.р. от "тапка" (авт. шут. неправ. употр. рус. яз.)

Что ж, девственность за час —
не восстановишь.
Им — тапок нежный:
каблуками бьют.
Удач из ран души —
не приготовишь.
А жизнь — одна:
иную не дают...

Пью пространство

Вновь пью,
Кривясь,
Пространство — без тебя
И жду, когда,
Измучив
Память злости,
Твой исслезившийся мечтою
Взгляд
Родит слагаемость,
Нули отбросив.

Укрой нас
Пледом страсти —
Не застынь
В ночи искусственности,
Пятясь к зареву
Изнеможенности...

Меня — вторую кисть прими,
Чтоб третьим стать моим
Сна суперполушарием.

Нимб

Простим друг другу все, что было
Не с нами, не для нас — во сне.
К тебе манящие чернила
Рисуют розы на вине.
Забудем плотские обманы,
Прикроем истовой борьбой
Стремлений вдаль,
В острог нирваны
Взаимосмысла — быть собой.

Спрошу миг в ночь: зачем безумье
Нанизывает нас на трость
Перерожденья. Прах из урны
Любви разнес незваный гость,
Укор отпетости, по ветру
Сомнений. Свято верю в нимб,
Расшитый целями из фетра
Цветных надежд...
Бросок... Олимп...

Стихотворение *33*

Нужность

Мне не нужно твое страстное тело –
Лишь душа, как свет, нужна.
И какое мне, собственно, дело,
Что была уже чьей-то она?

Не нужны мне экстазные крики –
Лже-признания не нужны.
Человек — очень сердцем близкий,
С ним пропеть — всю жизнь без войны.

Стихотворение 34

Без тебя

Без тебя — нет причины жить.
Без тебя — смываются звезды
Криком соленых слез.
Без тебя — не пытаюсь раскрыть
Женственный ларь,
Окропленный алтарь.

Без тебя — остывает мой миг,
Без тебя — теряются цели
Пустотою незрелых ласк.
Без тебя — не ищу судьбы нить:
Срезана — вдоль,
Жрет толпа-моль.

Без тебя — наш мир не испить.
Без тебя — забор из ночей
Прикрывает истину дней.
Без тебя — остается «быть»,
А не боль унять, очнуться, встать.
Без тебя — нет причины жить...

Стихотворение *35*

Сладкое мыло любимого тела

Слизывать мыло с любимого тела —
Ну и какое мне собственное дело,
Что между нами лежат расстоянья —
Лишь бы хотелось, лишь бы желанье.

Ночь. Неустанно звоню в неизвестность,
В нуль чтобы канула — душ наших
　　　　　　　　　　　　пресность.
Их не забуду, чтоб нас не забыли.
Мы не в забвении, а в чувствах мыле.

Крики, похожие на позывные
Радиостанции страсти. Скажи мне,
Как нам приблизиться и не погаснуть,
Чтоб сгенерировать сумму — не разность?

Слизывать мыло с любимого тела —
В этом открытость, свобода и смелость...

Стихотворение 36

Женщина

Нет,
Не устал
Тебя ласкать:
И ждать,
И спать,
И увядать
Нам — вместе.

Почти
Списал —
Мечтаний власть,
Чтоб сметь,
Беречь,
Обесконечить —

Ту женщину,
Что краской жизни
Так истово
Исписана,
Истрачена,
Извиновачена —
Тобой...

Бастует нежность

Бастует нежность —
Плед наброшенный
Из нежелтеющей травы
Усталых лет,
Бокалов россыпи —
Их, полных чувств.
Лишь память —
Досыта,
Незасыпающие сны...

Измены с мужем

Вновь "радуют" — твои
Измены с мужем:
И голос — тих, и — плачет телефон.
Всего — звонишь, как я ни нужен...
Да — виноваты оба мы,
Да — общий стон.

Вновь бедствую —
Нечестными звонками,
Из слез наивных сложен горький стих.
Они мне — все:
Нас обвораживает с нами
Двойной спиралью чувств святых.

Отверженность —
Жестокая расплата,
Рисует по живому в крик,
Души косарь.
Укроюсь одиночества закатом,
Упьюсь мечтой,
Чтоб не унизить старь.

Стихотворение 39

Выбор

Так устал от скандалов и слез,
Им отдал — и разводов, и грез:
На сто жизней хватило б жалеть,
Если выбрать не смелость, а клеть.

Из удач — только лайки стихам,
Из друзей — лишь Facebook, Instagram.
Новостями пытаюсь не рвать —
Не выходит. Его смех — впивать.

За рассветом мелькает рассвет,
Стали ближе все те, кого нет.
Забываю, что есть грех и страсть.
Из ничто — ничего не украсть.

Преклонять — нет ни зла, ни колен.
Переждать за стеной перемен
Не удастся без — приворожить,
Наплевать, не свернуть и дожить.

Простор

Простор —
Заносчивых иносказаний.
Вновь торг —
С собой — в толпе — мечтами.
Прогноз —
Красивым обручем раскрашен.
Морг роз —
Забытый частокол из башен
Любви,
Не подготовленной к изменам.
Долги —
Рисуют свастику на стенах.
Испил —
Неотвратимость близкой платы.
Простил,
Чтобы уснуть —
Невидимо —
Распятым.

Стихотворение *41*

Рок

Резиновый
Несносный вечер...
Один...
И рок орет во всю.

Злом
Захлебнувшаяся
Встреча —
Опять не та,
И вновь — бешусь.

Недоревновывая,
Плачу,
Пытаясь вновь
Не допустить
Вопрос извечный:
Жить иначе?

Так может:
Жить или не жить?...

Стихотворение *42*

Венок

Возложу вины венок
                    на псевдопрошлость,
Переставлю их портреты — в ночь.
Плеск отчаянья раскрашу в
                    невозможность
Превратить случайных встречных —
                    в дочь.

Они плачут скорбно о мирских
                    потерях
Удовольствий, нежности, лже-снов.
Так устал душой витки спирали
                    мерить,
Злясь кровоподтеками долгов.

Стихотворение *43*

Не срезайте нить святой границы
                                    в вечность —
Зов ничто перерастает в пыл
Несвершенных целей:
                              мучает беспечность
Предстоящих слов,
                        в которых уже был.

Отойду от страсти зеркала —
                                  на выстрел,
Успокою искренность —
                              не тех золой,
Спрячу брошенность —
                            за первой пробой мысли,
Что расторгнут брак
                          с челночною судьбой.

Телефон

Испорчен телефон —
Односторонний холод.
Мой мир — как микрофон,
В разрыв стремится миг.

Озвучивать поклон?
Не той душой измолот —
В чуть дребезжащий стон,
И бесконечный лик...

Куплет

Бросаниями — сыт,
Скитаниями — полон.
Утерян образ той,
Лишь свет — в окне.
Тоской — опять знобит,
Чужим, как в пыль — измолот,
Чтобы познать не-смысл — извне.

Порыв, застыл, угас,
Крестами напрочь склеив
Неизрасходованность снов.
Прощу — на раз,
Скажу аллеям
Судьбы: достаточно ростков.

Где ствол, где рост,
Где отторженье
Непрекращающихся «нет»?
Изрезав лоск,
Прочту моленьем
Жизнь завершающий куплет...

Стихотворение *45*

Дуэт

Наш бег друг в друга безутешен,
Упреков полон, жаден, нежен —
Ревнуя, ждем.

Лишь ненасытностью окрашен
Искомый берег жизни нашей —
В дуэт споем.

Разгул мечтаний — осторожен,
Если не он, то кто поможет
Достичь себя?

Предательства ласкаю раны —
Манят в блестящие капканы,
Чтоб в хруст обнять.

Молю я: важно не стать нам
Животрепещущей сталью.

Стихотворение *46*

Богиня слез!
Сотки из роз
Ковер исконности,
Судьбы,
Благословенья.

Любовник

Всего твой рядовой,
Одинокий, счастливый — любовник...
Причиняя в крик боль,
Вновь себе наслаждения — льешь.

Истязать ночь не стану:
Псевдовыбор — за что мне? —
Соберу на дне силы
Обнять деву-ложь...

Все

Кромешная тьма — иссохшие свечи
Заслоняют от бреда — сюжет,
Чужие тома.
Прощальные встречи
Разрывают на кванты — рассвет
Отторгнутых чувств,
Наполнивших смыслом
Предрешенность — мечтаний вслед.
Вновь к истине мчусь,
Пронизанный мыслью:
Предают в конце концов — все.

Стихотворение *48*

Прядь

Расчесываю километров прядь:
Закат, рассвет — все из окна вагона.
Любимых цвет уже не разобрать
Из бесконечной трубки крика-телефона.

Я перестал исступленно мечтать:
Лишь формулы, компьютер, письма...
Всегда со мной — души двуликая тетрадь.
Будто живой: хотелось, чтоб совсем не
　　　　　　　　　　　　　　лишний.

В душе я прежним столько — был,
Они, теряя связь — остались,
Сменив взаимность, чистоту и пыл
На корысть ласк, порок и зависть.

Ну что ж — теперь мне все равно,
Который крест, упреков сколько будет.
Зашториваю пустотой окно,
Чтоб не заметить тех, пред кем я
　　　　　　　　　　　　　неподсуден.

Стихотворение 49

Коварство

Да, будь же, как все — коварной,
Изворачивайся и лги.
В этом женщины смысл и главность,
Цель и радости — за долги.

Задорных дней бросить о стену
Из ничто оправданий, злых слов.
Нет, не в моде порока смиренность:
Пустотой пустоту — до краев.

Многообразие сердец

Простор души, отдохновенье
Перерастает в немоту.
Начну ненужное творенье?
Опять целую? Вновь — не ту?

Последних лет судьбы листанье
Отображаются — ничем.
Переливаются — страданьем
Огней вопроса: все зачем?

Отжитых нег исчезновенье
Не замечаю — не хочу.
Осталось легкое презренье
К былым победам — стыдно чуть.

Ушедших лиц изображенья,
Многообразие сердец
Распались в дымкое виденье
Несносных рифм: старт, стоп, конец...

Стихотворение 51

Не ожидая покаянья
Ни от себя, ни от других,
На обреченное лобзанье
Отвечу пением — о них.

Лист жизни

Вновь не выдержал —
Позвонил.

Сколько можно звать,
Внутри — плач.

Не бужу беду —
Просто жду,

Что не изорвем
Лист — вдвоем.

Замена

Найдешь ли в ком-нибудь замену
Хотя б одной моей черте? —
Их стонет много, но не те,
Не те придут, чтоб не то делать.

От недочувств и недоласк,
От недопетых страсти песен
Душа вдохнет последний спас —
Мой стих, зовущий в поднебесье.

Стихотворение *53*

Запой

Вращаясь на безженственной постели,
О них зря вспоминал.
Меня — хотели:
В ответ, как будто в стол
Всепоглощающий писал.
Раскаиваясь несвершенными грехами,
Я уходил в псевдозапой
Души — стихами,
Чтоб не попасть на эшафот —
На внутренний покой.

Ни обернуться, чтоб понять их цели,
Ни уколоться в стон,
Ни лечь — не смел я,
Пока играется костлявая, смеясь.
Приберегу от них для истины — провалы,
Истраченности след.
До слез устал я
Кричать в немой подвал им сны,
Которых — будто нет.

Стихотворение 54

Побег

Я люблю тебя
До глубинных спазм,
Мой желанный яд,
Мой души оргазм.

Беспокойных прядь
Дней-годов, что — врозь,
Чтоб нас не терять,
В тебя болью врос.

Ослепленных нег
Двух сверхновых звезд —
В глубину побег
Двух сердец, как роз.

Счастье вдали

Какое счастье — быть от них вдали,
Какое счастье — выжить без любви.
Они пришли, без мыслей — нет.
В шкафу увидел — их скелет.

Обида лет?
Свобода? — Да.
И менторства ушла вода.
И как всегда —
Я вновь один.

Но быть не нужным вам и им —
Не стоит мужества и слез.
Сегодня вновь чуть-чуть подрос
И вышел в поле из нулей.

Приди скорей,
Ведь жду и лгу.
Себе и вам — на берегу
Наивных грез.

Стихотворение 56

Всегда вопрос:
Кто есть и кого нет.
Затасканный сюжет
Развязки ждет...

Не умею

Жаль, не умею возвращаться —
Которых нет, зачем искать?
В трейлерах прошлого копаться,
Свой фильм рискуя потерять?

Нет, не забыл, неблагодарный.
Я — просто там, где титров нет,
В кольце реальности бездарной.
А в жизни зале — затухает свет...

Луна

Глаза у луны — карие:
Так ждал тебя вечер и ночь,
Исследуя прошлости марево,
Пытаясь его превозмочь.

Слеза неземным веяла,
Пройдясь в судьбы притон,
Уродуя принцип склеивать
Восторг из кричащих сторон.

Продрог на чужих улицах,
Растратив заряд жить,
Измучен мотив-сумрачность,
Простил, новый грех смыть.

Создал из былой нежности
Твой образ, мольбой смыв,
Останки больных лет постичь
Давно уже — нет сил.

Стихотворение *58*

Тобою вновь обесточенный,
Избрал без торгов с дном
Профессию-боль — одиночество,
Чтоб вовремя сжечь том.

Аист

Остыл. Никто не ждет. Не лжет.
Ни ты. Ни та. Ни остальные...
Судьбы раскаявшийся дождь
Цветы зовет — еще живые.

Любить наш смысл тайком от всех,
Не тем в постелях отдаваясь,
Все ж будешь, призрачный успех
Превознося... Пел смерти аист...

Стихотворение *59*

Надежда-дочь

Плач. Стою у окна —
Изуверская тишина.
Сердца крик тает в ночь,
Исторгая надежду-дочь.

Время мстит за лже-роль:
Принимаю, но как сжечь ноль?
Телефон омертвел —
Будто близкими овдовел.

Ниц прошу вас не бить
Прошлым. Что ж мне навек остыть?
Крест несу в стон души.
Как не стратить? — Пиши, пиши...

Стихотворение *60*

Тень

Тень... Забыл обо всех спетых
женщинах,
Перестал ниц бумагу марать.
Обожаю судьбу — за изменчивость,
Ненавижу её — ожидать.

Искричу у безумия кротости,
Разотру отраженье в окне
Той ладонью, что нежила волосы
Нелюбимых в разврата вине.

Прекращаю парить
над бездыханным
Полем сдавленных
низменным дел —
Позволяю стремленьям неистовым
Заслонить от сознанья удел.

Растворю непонятными строчками
Уходящий в ночь времени след,
На раскрашенных жертвах-обочинах
Перемножу с прощаньем — обет.

Стихотворение *61*

Оглянись

В крик шепчу,
Чтобы ты была насквозь моей,
Слишком моей, напрочь моей.
Жду
Зачатья желания жизни у дней,
Нищенства дней, скорбности дней.

Сотрясает без слез
Плач по той, что вознес —
Превратись же в нее,
Не разрушив полет.

У двери суета —
Все не та и не та.
Обнимись и прильни,
Разруби сплин обид.

Изревнованность жжет —
Все не тот и не тот.
Возбужденье — пусть лишь
От незримой любви.

Стихотворение *62*

Рядом смерть.
Перестань
Принимать за обман
Настоящую высь —
Скрежещя, оглянись.

Счастье

Какое счастье — нет любимых,
Нет ненависти и конца
Расторженных нерастворимых
Взаимокриков. Их не знать
Хотел давно и безуспешно —
Открытых отношений грусть.
Я не узнал их псевдогрешность.
Я не успел, жалел — и пусть...

Не замечая скверных линий
На изрисованной судьбе,
Я плакал стих, как бы невинность,
Чтоб оправдать безумный бег
По изувеченным лачугам
Неистерпимых недоснов.
Но только времени упругость
Звала от времени оков...

Стихотворение *63*

Осиротевший взгляд

Осиротевший взгляд
От клятв —
Лгала.
Любви умершей сад —
Спою дотла.
То был разбег? —
По кругу...
Решетка лет
Раскладывает свет — в цвета.
Спасибо за услугу.

Полет — озноб,
Умоюсь — слом,
Ударов прошлого
Флагшток — насквозь.
С ненужной рифмой жизни —
Одиночной камерой сна — врозь.

Стихотворение *64*

Лишь образ
Неприкосновенный —
Псевдонаркоз.
Вот выключатель —
Поворот...
И миг размазан
По очередной —
Пустой вселенной.

Желанья

Ночь. Перестал желать желанья...
Сбоит компьютер. Вновь не сплю.
Изненавидев расставанья,
Встречаться чаще — не люблю.

Набрать ли номер произвольный?
Она ответит. И — придет.
Опять — привычное застолье
Ржавеет точкой. Мимолет...

Куда — звонит?
Ведь я — здесь, дома.
Целую — на своем, родном.
Их крики, ласки — мне знакомы.
От них не веет холодком.

Прикрою формулами письма,
Чтоб не сойти от них с ума...
Давясь иллюзиями жизни,
Забуду прошлые тома...

Стихотворение 65

Квантование

Наше время
Квантуется
Песнями,
Наша леность
Бунтуется
Встречами —
Переливами душ
Не заполнены
Унисоном поющие сны.

Ускользают
Восторги
За тенями,
Что вонзают
В ничто
Кванты времени,
Меж обидами в нас
Прорастает роль:
Друг лишь другу мы —
Будто нужны.

Стихотворение *66*

Безразличье —
Изменам
Оправданным,
Предсказанье —
На стену сверхразума.
Нескончаемость нег,
Уходящих в ноль,
За долги получаем долги.

Извращенье —
Не-чувствам
Обношенным,
Воскрешенье —
Лукавствам,
Разбросанным
По безумной пустыне
Бозонов-слов —
Они живы мной,
Как ни беги...

Ожидание

Ни друзей, ни подруг —
Ожидаю тебя.
А ты пьешь, и целуешься — с ними.
Наши песни — забыла.
Наших слов — не понять.
Что ж, непросто нам было —
Прости мне.

Вновь — себя потерял,
Растворившись в судьбе,
Измечтал ночь —
О дне настоящем.
К двойной белой звезде
Затоптала наш след,
Замела — мести жестом изящным.

Стихотворение 67

Украсть тебя

Мне б украсть —
Тебя
Из лжи логова,
Белой скатертью
Стол — накрыть.

Низшим — впроголодь,
В сто умноженных
Крат
Восторгами
Ласк,
Гордостью
Прикасаний лиц
Обнажить...

Прощание

Подхожу к изголовью
Непокорной судьбы —
Распрощаться с любовью,
Чтоб ее не забыть.

Грустно спетые песни
В нотах жизни скрывать —
И сады родных женщин
Из души умножать.

На истлевших обломках
Захороненных дел —
Оставляю потомкам
Бесконечный предел...

Стихотворение *69*

Другие планы

Пусть у тебя — другие планы,
А я, как прежние — обманут,
Корить, винить в пустом не стану,
Почти — пойму.

И одинок сей будет вечер,
Неисчерпаемая встреча
Ушла на минус бесконечность:
Один — усну.

Глаза слезятся — просветленный,
И потолок — всю ночь несонный,
А за стеной тепла бетонной —
Поют и пьют.

Их расторможенную радость
Вновь принимаю, как награду.
Не-чувств кончается блокада —
Тебя люблю...

Будущего храм

Жду, и нет греха в том,
Цели, чтоб забыть —
Листьев желтость радует
За окном любви.

Лаской припорошенный
Новых чувств покров
Дал не уничтожить мне
Безразличья снов.

В тихой искренной мольбе —
Будущего храм,
«Нет» — солгу не той судьбе
И не тем словам.

Умножить

Испепеленный
И босой,
Извиноваченный,
Но все же:

В крик не устану
Звать с собой,
Чтоб не сложить нас,
А — умножить.

Ностальгия

В миг покончить со мной
Тщетно, ожесточенно
Все пыталась — зачем?
Так упорно — зачем?
Но теперь: я — другой,
И — почти обновленный,
Мой рассудок — не здесь,
Впрочем, больше — нигде...

Ты дрожишь — быта память,
Руку жмешь — пусто все.
Сверхжеланий где след?
И простых нет желаний:
Их, тебя там оставил —
За стеной прежних лет.

Что ж, мой след не вини,
Я так сыт эйфорией.
Ты осталась все той же,
И живешь — прежним мной.
Те далекие дни,
Что больны ностальгией,
Не тревожь.
Я — не тот,
Я — ничей,
И — не твой.

Выжгу

Всю из души ее выжгу, всю выжгу —
Места предателям нет, в ней нет.
Лишних терзаний период бы выждать,
Зря не наделать сердечных бед.

Все, что давал ей, нутром изгаляясь,
Корчась от боли бессонных ночей,
Лезвием лжи мне обратно вонзаясь,
Брошено в грязь из порочных страстей.

Всю из души ее выжгу, всю выжгу —
Нарисовал, перепутал с иной.
Но не жалею, на мир — не обижен.
Пусть разбирается — каждый с собой.

Стихотворение 74

Данной мне

Тщетно жду-не-дождусь,
Как с тобой обнимусь,
Чтоб сомкнуть наши пары рук.

Каждый день-ото-дня
Ты идешь сквозь меня -
Под компьютеров клавиш стук.

Так увидеть — хочу,
Что желаешь — чуть-чуть -
Не себя, а меня — как он есть,

Чтоб обиды и крик
Не стирали тот лик
Отношений, чтоб начали цвесть.

Возрождались они
С красоты и весны,
А потом — за дождями — снег.

Стихотворение 75

Разогретые злом -
Не туда их несло -
В пропасть пьяных псевдоутех.

Я пытался понять
Нас двоих, чтобы стать
Одним целым — из двух половин.

Мы отдали по жизни
Друг другу — каприз
Пусть не даст нас убить без причин.

У нас времени нет
Взять обратный билет -
Мы сыграли во всё и для всех.

Что создали, успеть
Не пустить в души смерть,
Не продать за признанье успех.

Обряд

Уходит высохший закат
Отпетых грез —
Не вычесть слез.
Неисполняемый обряд:
В твой образ ненавистью врос.

Закрою плачущий сюжет —
Интриг нарыв,
Играя, смыв
Мечтаний преданный сонет
Прорезал ночь,
Вперед, в обрыв.

Заставлю веровать в полет,
Постичь удел
Тот, что не смел —
Раскрашен жертвенностью свод,
И с новой верой —
Ложь, расстрел.

Стихотворение *76*

Остывание

Я так хочу остыть —
            от одиночества,
А вы соблазны мне
            приносите в сердцах.
Себя готовлю —
            к облучению
                        сверхтворчеством,
Глаза слепят
            заколки флирта в волосах.

Я бью тревогу
            о потерянности времени —
Мне предлагают —
            нищенства кредит.
Как не очнуться —
            напрочь разуверенным,
Как не истратить
            дух на сон и быт?

Стихотворение 77

Не исторгайте —
                запах вседозволенности,
Не растворяйте сексом тень,
                не зная чью.
Исколесив дна
                бесконечье совести,
Я просто всех —
                по-старому люблю...

Нужен

Зачеркивая годы
В листке календаря,
Они терпели роды
У вместебытия.

Издергивая нервы
О мелочность, душ пыль,
Как будто — чувства первые,
И прошлых — нет могил.

Надеждой на списанье
Расторгнутых счетов
Неслись перед глазами
Открытки городов.

А — вечерами с мужем
В удобную постель
Она ложилась. "Нужен,
Ты мне всегда, поверь..."

Стихотворение 78

Пустой вагон

Вагон — пустой.
Молюсь. Пишу.
Ты — за окном.
Не вижу — знаю.
Ушла — он ждет,
Постель согрев.
Слезу — в перо.
Брак — презираю.

Церковный звон.
Голубизна
Стен — обряд наш,
Они — смеялись.
Постой.
Не спи, не предрешен
Исход мечты —
Сном отрезвляюсь.

Стихотворение 79

Истошен крик.
Сплетен клубок —
Пролей тепла,
Не дай иссохнуть.
Они пройдут, тебя сменив —
Жить как и где,
В сердцах которых?

Одышка лет
Гаганит в плед —
Ей нипочем
Больные нервы.
Оскал — готов.
Но лишь объект
Сжимает смех
Растратой верной.

Отмолен грех —
И снова в путь.
Они — простят,
Когда отпросишь.
Прогнозы бед летят на зов
Отжитых чувств,
В которых — осень...

Привет-здравствуй

Дрожащие губы,
Немея от страсти,
Обнял в крик своими...
"Привет",
А ты — "Здравствуй".

И — все замолчало,
Весь мир их — исчез.
Влекущие дали —
Глаз нежных разрез.

Воздушное тело —
Полет прикасанья,
Взорвалось, зарделось —
Святое созданье.

Нет, слов нам не надо,
Пусть слог — совершенен.
Слияния радость —
Инстинкты заменит.

Стихотворение *80*

Дожди

Пошли дожди —
Любимых нет...
Звонков —
Не жди...
Стрелу
Отжитых лет
Не повернуть назад.
Истошно корчась,
Падая,
Вставая —
Рад...

Жду всю

Жду от тебя —
                не милостыню:
Безоговорочно —
                всю.
Закрытость,
                расчет, неискренность
Не стану корить —
                прощу.

Жду ко мне —
                страсть и жадность,
Образ —
                разделишь со мной.
Времени-то
                осталось...
Сколько же можно —
                одной?

Стихотворение *82*

Взгляд

Твой взгляд,
Скользящий по другим.
Мой сон —
Опять? —
Да, с ним.
Уход в себя? —
Наив!
Ты жив? — Да, жил:
Молил, мечтал и стыл.
Сугроб
Из неисполненных ролей.
Сто сцен —
Нет ни одной моей.
Ложь стен? —
Покой.
Спиной —
И в ночь.
Несдержанный
Взгляд твой.

Стихотворение 83

В полудреме

В полудреме
Беспокойной
Провожу с тобой часы.
Долгожданный
Стих незваный
Не бросай, а допиши.

Беспределен
Путь — мой берег
Растворяется вдали.
Чистым словом,
Чувством новым
Обниму восход зари.

Привычка

Верь — привыкну к твоим предательствам,
Перестану кричать навзрыд
В нашу прошлость.
Верь — обстоятельствам
Не удастся изгнить душ взрыв.

Провожу твоих нищих спонсоров
За окраину чувств и снов,
Им на кладбище стих мой в хор споем —
И захлопнем ограду долгов.

Причал

Как в зеркало праздности, суеты,
Гляжусь в уходящих лиц эликсир.
Настоящая ты для меня — не-ты,
Настоящий мир

        для меня —

                не-мир.

Рисуя ветрами ранимость и стыд,
От них избавляюсь, не зная, зачем.
Забыв о потерях — и снова открыт.
Растратив любимых,

             повергнут —

                никем.

Лишая сюжет ожидаемых слов,
Постигнув историй конец с их начал,
Не стану жалеть о потере оков.
Вновь жду неизвестность.

        Луну...

            Ночь...

                Причал...

Стихотворение *86*

Развод

В крик разойдусь с собой —
Не ради драмы.
Перегрущу — судьбой
Изгнивший след.
Сверхстон обманут
Смыслом странным
Неприкасаемых лже-лет.

Постой!
Не трать
Свой бред на "нет".
Не строй собор, больной
Измен лейкозом,
В душе моей.

Звездой, зовущей в ночь,
Сожгу прогнозы,
Склею розы
Извиноваченностью.

Стихотворение *87*

Дочь —
В одной,
В другой...
Наивность —
Прочь.

Налей любви

Мне мстишь,
Когда с ним спишь,
Нас бьешь,
Когда мне — ложь.
Постой —
Им нас не раздавай.
Гарь смой —
Грязь к нам не примеряй.

Усни,
Чтоб не очнуться с ним.
Устань
Нас разделять,
Как дань
Богов.
Налей любви вина.
Жуть слов:
"И я — один, и ты — одна."

Душа

Душа,
Прозрачная от боли,
Затихла
У обрыва лет —
Чуть спит.
Долгов
Безумное застолье —
В крик жалит,
Обнажает,
Глубь — гноит.
О! Нет!
Не бил!
Не предавал!

Лже-смысл,
Разлитый по мотивам,
Смеется
Над убогим:
"Ночь — нежна".
Вновь смыл
Слезу, застывшую от силы
Предвиденья,
И сжег
Лучом со дна.
О! Да!
Отнекиваясь,
Ждал...

Объятый мглой

Объятый мглой противоречий,
Он их не знал и всех — любил,
Из одиноческого света
Кривые Мира выводил.

Неисполнимостью палитра
Была пропитана насквозь —
Ни семь цветов, ни чувств избыток
Не исторгали бреда гроздь.

Истратив ненависть на сущность,
Исколесив успеха дно,
Заснежил искренность — отпущен
На все четыре, будто вновь.

И не ответив на замены,
Не замечая их оков,
Изгрезил смысл, почти нетленный,
Из удаляющихся снов...

Взгляд и встречи

От нашей встречи
Ненарушенность исходит —
Она взорвала беспробудное ничто,
Которым мы пресытиться успели,
Извиноватив и себя, и остальных.
Сверхкриком раздираем врозь оковы зла,
Под игом лжи не спрятаться от Лжи.

Обозы нервов —
Из окна себя лечу —
Захлестывают даль,
От низости кружится голова.
Куда б навечно лечь?
Но время встреч —
Подтачивает
Бесконечность...

Стихотворение *91*

Осень

Осень...
Брожу по листве пожелтевшей —
Один.

Брошен
Значимыми — верен остался
Мой сплин.

Сердце — закрыто,
Вера — избита,
Радость — испита,
Счастье — забыто...

Стихотворение 92

Больная свежесть

Больную свежесть
　　Нескольких мгновений
Любви, изгнившей
　　Радостью последней,
　　　Убью мечтой.

Спад неизбежен
　　Псевдоотношений,
Долгов отживших —
　　Нет звонков, прошений,
　　　Нет криков "стой".

Прикроет старость
　　Нищенства исканий
Своих предсмыслов —
　　Стебли увяданий
　　　Взойдут в ничто.

Стихотворение 93

Рассею чары
    Склепом из ласканий —
Порочных мыслей
    Сноп и звон стараний —
        Разоружат восторг.

Кода

Остановился взгляд -
Забвением унижен
Изгоя ад.
Остынь мой стон!
Усни же!
Испепели в сто крат
Не-жизнь,
Не-святость:
"И не лги, Пилат!"

Убогий коридор —
Куда? —
Мечтой
Заряженными иглами
Уложен
На небо дна.

Но кто же
Глаза
Слезой
Омоет
В кровь,
Чтобы исчез мираж?

Мой день —
Исполнил коду,
Страсть —
Раздавили годы.
Прощу,
Не жду —
Лечу,
　　　лечу,
　　　　　лечу...

Сиамские мечтанья

Разрывом исполосовавши
Вены страсти,
Ты нежишься,
Ласкаешься
Ненастьем
Слов слез
И настороженности
Злой.

Постой,
Не обрекай,
Ложь смой,
Создай
Неискалеченность
Сверхожиданья —
Знай,
Наши
Сиамские мечтанья
Больны друг другом,
Неразрывностью
И сном.

Неприкасаемость обид

Неприкасаемость обид -
Полет над бездной неизбежной.
Знобит? —
Напрасно.
Прежде
Раскрой свой лик.

Отнекиваться? —
Вой собак
Напоминает, что реальность —
Еще жива,
Но как!

Горит
Сквозь пальцы неприкосновенность —
Дна боль
Разит —
Извне вселенной.
Постой! —
Восторженность
Дымит
Угаром оскудевших мифов.

Истёк над паром
Насмехающейся жизни,
Исполосован
Потрясениями луч —
С надеждой открывает
Сути дверь:
Закован, заколдован —
Стук...
Кто извратит мой мир теперь?

Измены

Измены все твои
Измучить могут очень,
Но,
Если цену им,
Как страсти, назначать.

Не стоят жалкие
И двух незримых точек
На линии любви,
Которую нам удалось начать.

Овеществленная любовь

Овеществленная любовь:
Твоих картин — не счесть,
Моих стихов — не вычесть.
Себе неумолимое позволь —
Измаять бытия холст
Краской жизни.

Неогрубевшая,
Зажатая в тиски ненужных нужд
Мечта —
Событий значимых как-будто нет,
Но стоит в сутки
Хотя бы раз
На миг прикрыть успокоением глаза —
Мелькают бесконечности
Желанные микроминутки.

Стихотворение *98*

Излей себя,
Выпей наш дух до дна!
Плесни на внешний мир,
Усладой нег пустых пронзенный,
Презрением возвышенности,
Вкуса терпкого макровина,
Чтобы в последний миг
Здесь
Неожиданный сверхсмысл
Постичь,
Судьбой предшествующих лет-гробниц,
Казалось,
Предопределенный.

За что

За что любить вас, ненаглядные? —
За наготу-лишь пустоту
И неприкаянность всеядности,
За извращенную мечту?

Порывы страсти —
                будто искренность,
Глаза — предательством горят,
Игра в любовь,
                надрыв и призрачность,
Желаний ненасытных — ад.

Все это муками
                изъезжено —
Вне примитива, но — сполна.
Интеллигентны собеседники...
Осталась недогрусть одна.

Стихотворение *99*

Смолкает исповедь за всхлипами
Ночь растворяющего "что-ж" —
Прошу историю забытую
Остановить души грабёж...

За что ценить вас незабвенные? —
За приговор тому, кем был,
И близость с лезвиями-стенами? —
За то, что вовремя — остыл...

Глаза

Глаза,
Простуженные
Без меня,
Волос обида,
Вьющихся дорогами
Безумий города
Распластанного
Одиночества,
Следы несмытых,
Истощенных слез
Согрею лаской
Ветрености
Внешней,
Усладой
Радости
Тропу ввысь
Расстелю,
Вину испепелю
Тем, что люблю...

Стихотворение *100*

Нерастраченность душ

Из нерастраченности душ
Сплети узор
Взаимобытия —
Мой Бог!
Зайди
На миг —
Не сгинь,
Не отвергай
Уставших уст.
Чтоб вхолостую
Не стрелять,
Застынь
Восторг.

Из неистомленности нег
Напиток сна
Не изливай,
Смеясь —
В ничто!
Пусть он вскипит -
Замри
Неуспокоенностью лет,
Заставь
Дна смысл
Перепознать —
Взорви лжи торг.

Мечта

Оторвись от страсти книги,
Отвернись от суеты —
Так хочу, чтоб настоящей
Стала ты, стала ты...

Не живи одним лишь мигом,
Не бросай свою мечту.
Сердцем чувствую, что ждешь ты —
И я жду, и я жду...

Жду твоей свободы новой,
Чтоб начать всю жизнь сначала —
Ведь осталось нам еще
Немало, немало...

Подави бессилья стоны,
Не пренебрегай фатой —
Слишком дорого обходится —
Покой, покой...

Стихотворение *102*

Кто изласкает

Кто изласкает стан твой,
            как я — прежде,
Кто исцелует в нем
            каждый изгиб,
Сердце раскроет
            лишь словом небрежным
И улыбнется,
            когда внутри бит?

Кто же поймет
            молча той глубиною,
Кто сбережет
            божью искру в тебе,
Долгожеланный
            кто замок построит
Испепеленной,
            уставшей душе?

Кто изувечит
        свой берег страданьем,
Кто на себя
        примет судеб удар,
Чтобы невинность
        из тины желаний
В страсть возожгла
        чувств ушедших пожар?

Кто позовет
        в лучезарную высь?
Кто даст цветку —
        настоящую жизнь?..

Удар

В момент острейшего
И настоящего
Интима —

И близости
Двух душ —
Неразделимых

Сильнее ложь всего
Разит и бьет —
Того,
Который лжет.

Стихотворение *104*

Ты

Изметался по душам подкошенным,
Избежал всем желанных оков,
Зря искал в стоне слов невозможного
Сочетанья несбыточных снов.

На тебя годы жизни — истрачены,
Для тебя — у мечты рвал цветки,
Чтобы тех — настоящая значимость
Родилась: твоей сути мазки.

Забуду ласки

Забуду ласки, стану деревом:
Пусть в червоточинах — чуть жив.
Реальность смажет изувеченность
Слезами теми, что не лил.

Заставлю петь себе наивности,
У жизни той, что не звала,
Отплачу в долг пучок невинности,
Чтоб облучить себя дотла.

Открою церковь подсердечную,
Уйду за свечами — от них.
На перекрестке бесконечностей
Безумье выбора — в свой миг.

Стыть не спеши — еще не все принес,
Не весь в узорах душ приостановлен свет.
Лишь в ненасытный и пустынный холст
Кричи мечтой неповторимый след.

Подарок

Зря искал глубины —
Надавали пощечин.
Обнимаю лишь сны —
Чтоб распластанно ждать.

И на тех, что любил,
Как на белых полотнах
Мелом жизни картин
Пустотой не создать.

Они пьяно дрались
За бездарные цели —
С ними падали вниз,
Мне проклятья крича.

Так, за мелкой борьбой,
Потеряв, что имели,
Подарили мне боль —
Чтобы я не молчал.

Стихотворение *107*

Чужая

Она будто стала чужой, чужой —
Пусть ласки те же и тот же крик.
Ее берегла для тебя, смешной,
Пиши, белый лист — и снова жил.

Отбросив мысли, уняв зла кашель,
Застуженных чувств обрезав боль,
Вскопал вопросами весь мир наш.
Да, муж приехал — ответ простой.

Мастерская прошлого

Пустынно-бездыханны стены,
Пространство — незнакомостью
Смиренно,
В котором — нет тебя.

Святых картин измяты рамы,
Кистей забытых — ряд,
И красок жизни нераскрытых,
Неточенных карандашей
Десятки —
Объяты паутиной
Неотлюбивших дней.

Чувств — нет...
И сил нет рисовать —
Листами чистыми
Убелим прошлого кровать.

Стихотворение *109*

Что сделано, то смазано
Причинами...
Мечтания — прогнать,
Их смысл распять
И — спать,
Безбольно-обреченно
Спать...

Птицы

Залетных птиц
В больные оперенья
В стон целовал.
Ее оскал —
Дремал.

Коленом — ниц:
Души ненужные творенья
Им рассыпал.
Зачем? — Не знал,
Но ждал...

Безумный смысл
Истошного успенья
Перемолил.
Наив — остыл,
Я — был.

Полета ввысь
Не будет — в утешенье
Изрежу пыл:
Укор, застыв,
Изгнил...

Замок теней

Нужна ль кому ты изнутри?
Сколько использованных судеб
Из близких, значимых ушли
В небытие никчемных буден?

Море действительных измен
Себе, другим без сожалений
Сокрыто искренностью. С кем
Была хоть раз вся откровенной?

Принудив душу подбирать
Чужих эмоций, чувств, не зная,
Что путь наверх един — создать
Свой дух лишь можно отдавая.

Жди на обломках падших дней,
Прожитых не туда, не с теми,
Мираж твой — замок из теней
Двух: настоящесть, совершенность.

Стихотворение *111*

Набирание

Набираю твой номер безжалостно —
Только длинные.
Где ты? — Лишь длинные.
Окунаю лик в прошлое с жадностью —
Все не сгинуло.
Нет! — Не сгинуло.

Километров не чувствую занавес —
Изморошенный,
Ими подкошенный,
Исковеркиваюсь дней разностью —
Будто брошенность
Жжет миг
Истошностью.

Болезненный

      стебель

           грешности

Хлещет —

       лечит —

          светит.

Набираю твой номер безжалостно...

Феофании ночь

За окном две птицы
Кричали в мой смысл —
Ныл разрез-полонез.
Я вышагивал стон —
Бесконечный восторгом балкон.

Не успею напиться,
Сосуд не открыть
Из мечты,
Чтобы стыть,
Им тепло возвращать:
Безучастной ранимости гладь.

За окном две птицы
Рвали в клочья жизнь,
Обнажив
Словом — жив.
Феофании ночь
Болью разума тает.
Лик — прочь!

Ускользает палитра —
В надежде смять лист,
Нарывной души. Стой,
Не истрачивай взгляд
В пустоту — там долги
В ожидании жертвы стоят.

Улыбка

Обезоружен — без борьбы:
Сквозь необъятность быта-призмы
Нутра забвения —
Улыбкой излучаешь свет любви,
Чтобы не быть
Хоть час, хоть день
Не в стон
Облитой испражнениями
Дна изуверской псевдожизни.

Застанет сон без сна,
Зальет слезами ночь,
Мглой пересохших рек-обид.
Как нам узнать,
Куда не бить?
Лже-ласки — прочь,
Лже-отношений спид -
Уймись!

Стихотворение *114*

Талой воды
Взаимопроницания испить,
Чтоб стыть,
Чтоб жить
Друг друга смертью
В радость нег,
Перенаполненных терзаниями лет —
Запишут дебет — в плюс.

Не пересчитывай, поверь —
И под откос предшествующих груз:
Полет — иллюзия,
Если не требует потерь.

Разрозненные мысли

Разорванный любимыми —
            на части
Не предлагаю им того, что не дано.
Иссохши, спит моя душа —
            с ненастьем
Безвременности, без поэм —
одной.

Она — распалась:
            духом, словом, телом.
Ей по инерции пишу, чтоб не забыть
Палитру спетых дней,
            почти все — в белом.
Удобный цвет:
            встречать, молить и
                        хоронить...

Они, как раньше,

    значимостью не блистали:

Теперь давно уже средь них — она...

Не различаю лиц за негою печали.

Но — лишь бы сын и дочь

    смогли меня узнать

До пошлой сцены

    "погребенья папы",

"Оплакивая" чужеземный гроб...

Да, "жизнь прошлась,

    как мишка косолапый"

По всем стремлениям,

    "не оставляя проб".

И вот — звоню...

    Туда, где вовсе нет ответа,

Опять грез — всплеск:

    тепло детей, родных...

Что ж, в поезд времени

    сел без обратного билета —

Не утешенье, что его нет у иных.

Закрою окна прошлости,

    чтобы не дуло

Гримасным ветром будущих потерь:

Им не из чего вычитать...

    Уснула

Душа с ненастьем...

    Приоткрывши дверь...

Диалог через окно вагона

— Где ты, скажи мне?
— Иду вновь к тебе.
— Так исстрадался...
— Отдайся беде.

— Но почему же
   В нас верю опять?
— Спи, будет хуже.
— Когда это ждать?

— Может быть, завтра,
   Сегодня, вчера.
— Что же надежда?
— В любви нет добра...

Сцена

Обнимаю грустью
Закат и восход —
Несвятым облучен
Мой ангел из строк.

Пережду смятенье,
Прикрою грехи,
Пролистаю время
Назад — чтоб не стыть.

Удалюсь от мира,
Узнаю, где лечь,
Обласкаюсь лирой,
Чтоб ими истечь.

Рассказал — все бренность,
Смешно, не понять.
Полон зал, но сцена —
Уже без меня...

Стихотворение 117

Крах

Вы рветесь к неформальному общенью,
Все ждете комплиментов и вниманья,
Стремитесь из дешевых развлечений,
Из никому не нужных слов и знаний
Построить недостойный образ мира,
Заполнив пустотою пустоту.
О! Нежные духовные вампиры,
Нашли ближайший, но порочный путь:
Послушную слепляя куклу из мужчины,
Его же обвиняя во грехах,
Торгуя лаской, удовольствием, интимом,
Вы чувствуете верно, это — крах.
Запомните, мужчины отраженье,
Мертва планета, если нет звезды.
Низшим телесным
Безвозвратным потребленьем
Наивно бесконечность поглотить.

Стихотворение *118*

Духовная нищь

Духовную нищь
Прикрывая интимом,
Ты падаешь ниц
По событий нажимом.

Безвременно пользуясь
Их добротой,
За удовольствия —
Плата мечтой.

Не плач, не робей,
Когда глянешь назад —
Достойно на дне
Твои жертвы лежат.

Нет, не замечают
Услуги твоей —
Любовь их спасает
От духа смертей.

Стихотворение *119*

Зря томно ликуешь —
Повтор ведь с тобой.
Лишь ею рискуешь
Унять внутриболь.

Воспоминания

Пять лет назад строка достигла мир твой —
Вагона свет томил и гнал, и звал,
Испепеляя прошлость на своем пути.
Мячами детства — нашими твореньями -
Мы, перебрасываясь, как в игре,
Постигли притяженье: терзаясь, шли.
Событий не было, иль их не замечали
Безоблачностью тривиальных ссор — то
                                блажь.
Но вот черед настал — чугунное давленье
Метаний меж квартирами чужими,
Апокалипсиса пока на том конце Земли,
Безденежья, обманов отовсюду,
Неправедности выстрелов и лживых
                                новостей.
О! Бог мой! Неужель все видишь?..
А, если да, то почему молчишь?..
Нет, не устану звать на покаянье:
Обесконечить этот мрак — и всё.

Стихотворение *120*

Не губи

Все больнее
Мне становишься -
Родной.
Ниц прошу
Тебя,
Кривясь,
Лишь об одном:
Не губи
На пустоту
Остаток сил,
Когда Бог
В душе святой
Заговорил...

Осознание

Осознал,
Что мечтал
О несбыточном дне.
Я стремлюсь, ты стремишься —
И что же?
Ближе не подойти —
На заблудшем пути
Вновь попытки любить —
Уничтожим.
Усмехаясь, нас ждет
Судьбы правильный ход —
От покоя наш кров оградила.
Не используй, как цель,
Дом, открытую дверь
Не пытайся разбить —
Женской силой.

Стихотворение 122

Каждому своё

Ты не звонишь —
И не зовет никто,
Тебя — всё нет,
И мне — размен не нужен.

От ожидания —
Как скиф, продрог,
И одиночеством —
Дотла простужен.

Любил — в надрыв — открыто,
Чувством чистым,
Пред нашим прошлым —
Недосказа нет.

В полет наверх с тобой
Без слов — решился,
В мир, где разлит —
Стремлений духа свет.

Стихотворение *123*

Но у разбитого стекла
Жестокого ответа —
Крик зла отведан,
Слез — не иссушить.

Как прежними,
Тобой — привычно предан.
Что ж, каждому своё:
Я — стану жить.

История любви

Что ей давал — она брала,
Не пропуская мимо
Ни полуслова — в стон слагал
Из нищи лик любимой.

Но — возвращала смысл назад
Во внутренних ударах,
Крутила прежних, всех подряд,
Стать Ею — не пыталась.

Да, женщине песнь получать
Нет разницы, откуда.
Она-то знает, где предать:
Кто платит, с тем и будет.

Что ж, платят — чувствами, собой.
Жестокая наивность —
Им объяснять по ним же боль,
Надеясь на взаимность.

Нет, сдерживать мечтой не стану —
Ни слез, ни криков, что пел зря.
Сложно любил — легко обманут.
Нет счастья высшего — терять.

Доказательство

Да, ты доказала, что у тебя —
Несравненные способности вертеть мужчинами
без труда.
Но — тривиально сознавать, что стол, на котором
танцуют
Руководимые тобою снизу, оказался полностью
прозрачным —
И во времени тоже.

Мне иногда даже нравится — подтанцевать со
всеми,
Наблюдая, как ты мучаешься внутри,
Прокручивая со мною те же привычные
комбинации,
Пустые и обреченные.

Не хочу видеть, но — вижу.
Не желаю чувствовать, но — чувствую.
Не стремлюсь знать, но — знаю.
Зачем все это мне? Нам?
Как замечательно быть слепым...

Стихотворение *125*

Брошу взгляд

Брошу
Последний
Стон-взгляд
На унылые,
Временем
Стертые
Дни...

Там —
Моя милая,
Там —
Я забыл ее,
Там —
В крик узнал,
Что —
Один...

Миг-боль

Покинут всеми,
Объят собой:
Миг-боль.

Крик оголтелый
В ничто души —
Пиши!

Иной нирваны
Здесь не найти.
Прости.

Уж бездыханный,
И нет грехов —
Готов...

Часть II

Бытие есть — небытия нет

Время

Время воркований
Медленно ушло.
Склеп из ожиданий,
Нежность — ремесло.

Ласки — надоели,
Женщины — ушли.
Кто я в самом деле?
Что душа болит?

Затираю память,
Подвожу черту,
Развожу годами
Ложь и пустоту.

Выношу на строки
Прошлого иглу.
Бренности оброки
Осветляют мглу.

Стихотворение *128*

Отмываю пятна
Радостей и нег.
Жизнь —
Лишь однократность,
От себя побег.

Берегу потери,
Растворяюсь в ночь.
Время — не измерить
И не превозмочь...

Завезли нас

Нас опять не туда завезли,
Расселили на лишней планете,
Чтобы мы развиваться могли,
Дальше опыт премножить в завете.

Нам сказали, что будет любовь,
Счастье, верность и только богатство.
И казалось, лишь нож приготовь:
Как по маслу — пройдут святотатства.

В нас вложили картины миров,
Чтобы мы наслаждались наукой,
А не светом от зла книг костров,
Оболгавшись смартфонов чат скукой.

Нас гордили, что лучше детей
Могут быть лишь их дети и внуки.
Тщетность веры в нелепость затей:
Мастера хвастовства — криворуки.

Но теперь, когда все у стола
Оказались — равны, но неравны,
В дефиците — народа метла,
Чтоб остался процент квази-главных.

В города, чтоб толпой управлять,
Всех согнали — фейк: страны и семьи.
Безнаказанно в ноль истреблять —
За иллюзию в псевдоспасенье.

За свободу жить — зельем колоть,
Разделить на плохих и хороших,
Чтобы проще их всех побороть,
В удовольствий бездушия вросших.

Да, останется мало в живых,
Чтоб Земля — оказалась нелишней,
Из историй фигур восковых
Склеим вечность, назвать чтоб всевышней.

Полу-

Полуправда, полусовесть,
Полуспор и полубыт,
Полумир? — Судьбы не стоит.
Полупамять? — Прочь! — Забыл.

Душ спасительное "полу-"
Размывает смыслов круг —
Полувраг с полуукором
Полуврет, что полудруг.

Получувствами — торговля,
Пища — полуфабрикат,
Полусыт полулюбовью
Полумуж и полубрат.

Полувласть — полусвобода,
Стыдно всем — полумолчат.
Извратясь в полународы,
Полуспим — опять назад?...

Стихотворение *130*

Лишь бы

Вечер востороженный
И не суровый.
Боль успокоилась...
Жажда по новой
Душу плетет...

Грустью низложенный
День грезит снова
Целью изношенной,
К смерти готовый —
Из года в год...

Что изменять себя
Бесперестанно —
Внешне, свой дух щадя:
Только обманно —
Будто растешь.

Силы со дна собрать,
Плюнуть на раны,
Суть до конца познать —
Пусть буду странным.
Лишь бы — не ложь...

Иллюзия

Беженцы сострадания —
Срезана нить над пропастью.
Прошлое вдоль раскроено:
Тянется рядом
Робостью.

Опухоль
Перерастает в стон
Намертво замурованных
В стену больную времени.

Сладость грез раскормленных,
Гордость пустым,
Истомленность
Двигателей-желаний
В прах.

Стихотворение *132*

Иллюзия-утешенье,
Радость молекул
Несвязанных,
Что из пылинок, пахнущих
Гарью споров и подлостей,
Сложит ветер случайности
Инициалы на дне...

Пассажир

Я всего лишь смешной пассажир
В никуда уходящего поезда —
Истощили бесплодные поиски,
Полустанки холодных квартир.

Позабытый, седой, озабоченный
Не согрею дыханьем окно.
Надоевшим усталым обочинам
Нет конца — неизбежности дно.

Спит Земля —
терпеливое кладбище,
Топорами-крестами грозя,
Удушающих «радостей» лапища
Душу в тщетные крики дробят.

Ветру мига надежды оставлены,
Уже некому боль изласкать,
А в глазах, как за белыми ставнями,
Безысходная жизни тоска...

Стихотворение *133*

Нить

Изгиб нити
Судьбы —
Удар скользит
О быт.
О! Бог мой!
Не лови на слове
Искреннем
Любви,
Не стой
Над изголовием
Не-жизни.

Раскрой
На ночь глаза —
Устал давать
Низам
Последний
Луч, как джаз,
Как творчества —
Экстаз.

Стихотворение *134*

Заставлю
Пятна
Смыть —
Обид,
Успокоением
Бесстыдной
Укоризны.
Кричу — молюсь,
День-ужас — жду:
Ночь измывается —
Забвением упьюсь...

Броситься вниз

Броситься вниз —
Никому не желаю.
С пеной у рта — не докажешь себе:
Мерзкая жизнь,
Грязь, в пороках, дрянная,
Стоит тех сил, чтоб ее приберечь?

Женские крики...
И плач о погибшем...
Чудятся мне в тишине сладких грез.
Сотни безликих
Образов низких —
Не прекращают
Словесный износ.

Стихотворение *135*

Не побоюсь — встать,
Уйти безвозвратно.
Скрещенный натиск судьбы —
Мне сдержать.
Знаю, те — вспомнят,
Что смертью превратной
Им не заставить мой след умирать!

Дождь ролей

Ты надеялся — пронесет?
Не выходит — коснется всех.
И святой ковчег не спасет.
Не рассчитывай на успех.

Иллюзорно, что нет конца
У спектакля: зовется жизнь.
До последнего подлеца
Не очистишься, как ни злись.

Перестанут всех бить тогда,
Когда сможешь ответ — в стон дать.
Унижений власть, жизнь — бурда
Из мечтаний в конец — предать.

Если думаешь, сбережет
От судьбы с тошнотой — укол,
Дело вовсе не в книге — лжет,
А в тебе: ведь король-то гол.

Отойди от окна, чтоб знать,
На какой высоте твой крик
Будет слышен всем. Ночь изгнать
С ощущеньем — опять старик.

Развернуть время — нет уж сил.
Передать, что познал — в игнор,
Остается зонт зла — пронзил
Дождь из тлена: ролей измор.

Скоро война

Скоро война! —
Чуть дышу на подушке из тлена.
Лжи семена —
Продолжают свой атомный взрыв.
Нищи страна,
Захлебнувшись вновь памяти скверной,
Жаждет понять,
Как же будет оправдан разрыв.

Скоро война! —
Для кого — мониторы игривы.
Не спеленать
Воскрешений — кто избран в ковчег?
Не разогнать
Бесконечный ком смыслов —

блицкригом.
Скоро война! —
Коллапс чести, страданий и...
Новых ничтожеств — набег...

Стихотворение *137*

Духовный бродвей

Где вы, безумные радости ветры?
Где пыл восторгов,
                печалей, страстей?
В судеб нелепость
Божественный трепет
Запарковали — духовный бродвей.

Чьей звезды коллапс
                в дыру черни тянет?
Чьей нищи крик
                дрожью выси объят?
Кто в ничто канет,
Когда перестанет
Мысли взрывать
                слов глубинный заряд?

Стихотворение *138*

Чем обессилить
　　　　жаль прошлого, алчность?
Чем заменить сути искренний бред?
Жечь неустанность,
Подпаивать странность
Смыслом исконным,
　　　　которого нет?..

Нежные цепи

На нежных ненавистных цепях
Усталых чувств, формальных ласк
Налет наивности — в ней дети,
Которым тоже не до нас.

Не нами преданы идеи —
Пусть обрастают тиной лжи.
Но даже правнуки посмеют
Лишь до бесчестия дожить.

Неабсолютность незаконов,
Обманных связей лес из рук,
Поющих пошлости каноны,
Чтоб в краску кровь,
Кладбище — в луг.

Жаль, нет ненужных остановок —
Болезни лечат, гладя — бьют,
И поворотов, будто новых,
Бледнея ждем — надежд приют.

Ступал безоглядно

Ступал безоглядно,
Но время — злорадно.
Ошибок предвзятость
Могла полюбить,
По нимфам размазан
Забвения разум,
И сердце, и радость.
Чтоб смыслы испить,
Скрывал безнадежность
За скорость и сложность,
Платил оброк — гордость,
Пытался уйти
В пир иносказаний,
Избитый лобзаньем
Успеха, сознаньем
Прямого пути.

Стихотворение 140

Отведайте мир мой!
Услышьте пре-стих! — Рой
Эмоций постиг, боль,
Средь них — не до сна.
Изменчивость свергнет
Порывы надежды,
Казалось безбрежной,
Мечталось — без дна.

Брожу по асфальту

Непрерывная связь безучастностей
Разрастается, как снежный ком.
Вновь брожу по асфальту ненастностей,
Прорываясь в бездушье пером.

Разыгралась на линии времени
Тривиальность событий и дней.
Перестал ощущать их движение,
Превратил память в груду камней.

Крепнет гордость — потерями вскормлена,
Открываются дали из грез,
Расстаются надежды с истомленным,
Превращается в бренность вопрос.

Закрываю тетрадь-испечаленность,
Отраженье загубленных лет.
Вновь брожу по асфальту... Отчаянность
Прорывается в то, чего нет...

Стихотворение 141

Пред8мартовское

Что-ж, ни сложить, ни вычесть, ни умножить
Сегодня не удастся —
Лет уж нет.
Момент отрыва от земли — как-будто в бег.
Проверка безопасности ремней судьбы —
Бессмысленно, смешно и глупо —
Всё — ни подытожить,
Ни снять вину, ни аннулировать долги.
Они — как нераспавшийся в шкафу скелет.
Отныне — счет не в банке, должностях,
А на часах,
Что тикают — но лишь вперед и непрерывно,
Как бы — глумясь...
Чем побороть невидимости страх?
Откинуться на кресле из ушедших,
Не оставляющих пунктиров и штрихов?
Они же знают, что давно неинтересны —
И даже им самим...
Ни их прозрачные интриги, ни красота, ни

тело,

Жизнь иль страсть, ни дети — даже не любовь.
Неускользающий — лишь свет в туннеле
Из ненасытности, стремлений и потерь.
И некому открыться — бывшие свои, как
иностранцы:
Друзьями, близкими, любимыми — так
называться все хотят.
И — льстят.
Но смысла нет — где искренность?
Все — не на самом деле.
На исчезающем вдали манеже — цирк застыл.
И буду грустно рад,
Когда проигнорирую и не увижу —
Ненужный, несмываемый закат...

Озноб

Вновь очнусь,
          разрисованный горечью
Безутешности —
          чтобы не сжечь
Бесполезностью мысленный
          город свой,
Попытаюсь —
          собой пренебречь.

Оторву от безгрешности —
          ненависть,
Расквитаюсь со всеми,
          кто лгал,
В ткани чувств заплету
          вдохновенья нить,
Чтоб никто больше —
          не целовал.

Стихотворение *143*

Отойду от окна —
        для разбега лишь.
Обниму, чтобы —
        крепче забыть,
Не узнаю, по ком —
        годы слезы лил.
Умираете? —
        Просто знобит...

Очередной фейковый год

И год — ушёл,
И жизнь — прошла.
Раба — вколол,
Их цель — сгнила.

Хотелось — быть,
Судьба — как есть.
Пчелу убить
Изврата: месть.

Звонки — мертвы,
Желанья — в ноль,
Друзья — черствы,
Мотив — бемоль.

Любовь? — For sale,
The End? — Смешок.
Последний мэйл:
В ничто стишок.

Стихотворение *144*

Все страны — лгут,
Что всё пройдёт.
Грядущесть: кнут
Свобод — умрёт.

Поэзии

Поэзия, за жизнь задаток,
Спаси мой дух — истлен фитиль,
Не превращай в златую пыль
Души не сыгранной — остаток.

Негоже — вечностью манить,
Тщетою славы приправляя
Твои услады — в сон вкрапляя.
Дай время — выжить, преклонить...

В крик не прошу строки нетленной,
Грешно не быть — эмоций дном.
Но бью челом о прописном:
Не умаляй — внутри-вселенной.

Стихотворение *145*

Ночь измены

Открытая
На бесконечность ночь —
Земля притихла
Для измены —
Иному дню.
Всех мыслей бренных
И тяжких сцен —
Не превозмочь.

Далек рассвет —
Считать осталось
Жизни резиновых минут...
Капли дождя
По окнам бьют...
Души усталость...

Стихотворение *146*

Загон

Изметался аллеями
Изотлевшей души —
Меж судьбой и постелями,
На которых не жил.

Исплатил за сомнения
Бытом — искоренять.
Пустотой упоения
Не принудить унять

Изнутри настоящего,
Избежав: укол зла,
Человека творящего:
Им — загон, мне — стрела.

Стихотворение *147*

Объятие

Не сдержать ликования трепета,
Обнаружив, что будто бы жив,
Что еще нераскаянно теплится
Не вода в синеве ждущих жил.

Разметать безысходность насилием
Над почти затухающим — вслед
Закричать эху жизни: «Спаси меня!» —
Где же мужество слушать ответ?

Распрямить лик судьбы, вдаль что
                                    движется,
Бесконечность из быта создать
Искрой той, в глубине, что чуть зиждется,
Чтоб вселенную смыслом объять.

Стихотворение *148*

Белый стих

Лист бумаги,
Нотный стан,
Срок немалый
Был мне дан.

Но — усталый
И босой,
С тростью алой —
Слил с борьбой
Время сути
И ничто:
Неразлучен —
Месть оков.

Быть любимым? —
А мечта?
Их покину,
Что отдать?

Стихотворение *149*

Отстреляться?
Отойти? —
Нем остался
Белый стих...

Ван-Гог

Бросков, ударов
              и улыбок жалких
Судьбы, друзей,
              любимых без любви,
Все испытал —
              и жизнь твоя пожалуй,
Была слишком далекая —
              от них.

Но, кто они:
              слепцы из бойни стада.
Ведь сколько не прощай,
              им просто не понять —
Твой дух-колосс
              страдал бесперестанно,
Чтобы они смогли
              взлет будущему дать.

Стихотворение *150*

Гостиница

Воспаленные стены гостиницы
Измываются, пользуясь тьмой.
Как мне в этой коморе не сдвинуться
От того, что всем в мире — чужой?

Безразличные улицы светятся
Ненавистным огнем суеты.
Закрываю глаза, чтоб не встретиться
С той, что будет тобой, но не ты...

Раскаленные струны сознания
Излучают, но то, что — не здесь.
Где шестнадцатое прерывание? —
Только смех, лицемерье и лесть.

Воспаленные стены гостиницы
Измываются, пользуясь тьмой,
Превращая плюсы в нули с минусом —
Так мне их не носить за собой...

Шар

Изорван
Разноцветный шар —
Как юность — встарь.
Душа ушедшего —
Не просит.
Плачет, что же? —
Мороз по коже.

Ночь псевдожизни
Время косит,
Мой смысл уносит —
На предсказуемое ложе,
Чтоб крик стреножить,
След умножить...
Боже...
Боже...
Боже...

Стихотворение *152*

Лик

Натравлен мрак на свет,
Умножен спад на скорость
Творения — отпет
Изжитым сладким днем.

Молчащих капель блеск,
Рисующих узоры
На дне морщин — лет плеск
Снедает жизни том.

Программа бытия,
Составленная наспех
Вне бит, лишит чутья
Имен тех, кто забыт.

Сомнения мертвы —
В просмотренных снах-распрях
Издевочность молвы.
Открыл окно — знобит.

Стихотворение 153

Досматриваю фильм,
Сливаюсь с ним — без боли.
Вновь лжет экран : "Не стынь,
Еще не все ушли".

Гримасы титров — бред
Гаганит поневоле
За лампой. Лик. Портрет.
Слов кванты — не нули...

Ожить

Ожить — не сном,
Дойти — со смехом,
Исчувствоваться —
        не бедой.

Постичь разлом,
Сто грамм успеха
Не разводить
        похвал водой.

Потратить — все,
Познать, так сущность,
Исколесив
        нутро культур.

Чтоб из ничто
Извлечь созвучье,
Сыграть последний
        с жизнью тур.

Стихотворение *154*

Успение

Мирских страстей
Пророчество терзает
Сласть грешных дней,
Залеченных мечтой.
Убогий след
Порог ничто лобзает.

Прибоя нет —
Укрою склеп тщетой
Надежды. Злость
Избавит от безумья,
Впиваюсь в гроздь
Ушедших нег и снов.

Прервать полет
Заставит полнолунье
Ненужных лет,
Чтобы
До дна
Испить
Себя.
Успение —
Готов...

Воткну в себя всё

В раж воткну иглы жидкостей — все подряд и
сразу.
Что получат в нуль гэйтсы — зла real оргазм?
Задавись же — моей насмехающей фразой.
Не удастся создать — сердца closing спазм.

Я отдам Farme цифры — всего организма.
Что им это доставит, сведет чем с ума?
Ночь зажгу QR-звёздами — жёлто-тщетность
жизни.
На костях живых стройте — пусто-быдл дома.

С кодом в shop сверхнадменно — купить
хлеб-чёрствость.
На Канары к вулкану — лети, не хочу.
Ресторанов, музеев — ненужность-мёртвость.
Раз в полгода дыра — лже-подарок плечу.

Собирай, где найдёшь — сребреников тридцать
Принесут в душу с песней — нищь-память о тле.
Остановка, автобус: искорежены лица
Чёрным комплексом власти — им таять во мгле.

Яхты жирных отравят — глаз голодных
                                        мерцанья,
Наслаждениям стоп — криком в долг отложить.
Симметрия грядёт — их детей рыданья,
Справедливости страх чтобы дна — обнажить.

Очищение

Веков созвучия
Взывают муками —
На эшафот себя.

Оставив ненависть,
Врываюсь в белый лист —
Всюду мой смысл и я.

Черты учения
В мечтах-сомнениях —
Постигну ль нож ничто?

Извиноваченность
Не теми тратами
Ту жизнь — за грош: лото.

Молитва стелется
К родному берегу —
Наперекор смертям.

Любовью Господа,
Ласками-розгами
Расчищу стон — страстям.

Стихотворение *157*

Тело

О, тело! — Ненадежный щит
От нещадящих всплесков Жизни.
Душа наивом рвет: глубинный спид
Не до конца стремленья поглотит —
И возведет надгробье укоризны.

О, смыслы, исторгающие ложь!
Не прикрывайте наготы узора
Безликости себя. Когда поймешь,
Что перенес очередной грабеж,
Судьба опять, смеясь,
                        грозит измором.

Остынь и раздели полет
Исторгнутости и наземной страсти,
Не утони, прошедши выси брод,
Расцветь сверхжертвенностью свод,
Чтоб раствориться — в них
Нерастворимым счастьем.

Стихотворение *158*

Застенки

Застенки искренности —
В ночь устрашают, в крик зовут.
Но стану личностью,
Чтобы растаять, молча,
В них — всплыву.

Надежды всплесками —
Не успокоюсь, плачу, ниц прошу.
Созвездий фресками,
Чтоб одиноким плыть —
Постигну суть.

Берег бреда

Изрезан берег бреда
Забвеньем смыслов.
Грешность
Сожгу, чтоб — в ночь долги.
Изнежусь в красках линий
Отторгнутых идиллий —
Забуду страсти крик.

Исполню предсказанья,
Приму Ее лобзанье —
Украшу склеп тоской.
Не страшен слом надежды —
Прочту стон вслух им прежде,
Чем обрету покой.

Стихотворение *160*

Освежеванные бесконечности
На столе
          сна души
               скрежещут —
Высь
          низменным
               плещется:
Плач — эхо непознанной бездны.

Полеты ненаяву

Полёты — в день,
Улёты — в ночь.
Цель — дребедень.
Как превозмочь,
Того, что нет
Уже давно...
Просроченный билет...
Закрытое окно,
В ушедшем — ключ.
Разгон — зачем?
Куда и с кем?
Нет лет, как стен.
Нет — их,
Как будто не было —
Совсем.
Камин остывших чувств,
Лишь дым — вместо тепла.
А вместо строк —
Бессмысленный набор из слов.

Не верю — сам.
Они — хотят не знать,
Не видеть, не читать.
Но ведь всё так и есть.
Изысканная спесь:
Жизнь — будто не одна.
Красивый вид — был из окна...

Сады могил

Приснилась ночь —
Сады могил.
Уколы — прочь:
Иных долги.

Растаял нимб: Молю: прочти
Фальшивый трон.   Миг в некрокрик.
Толпой гоним: Мечты культи —
Жизнь — циклотрон.   Зла лет парик.

Изнежь бедой испетый смысл,
Идей ордой — судьбе на бис.

Прости за слом,
За ноль, за торг.
Тем — бред, мне — дом,
Работа — морг.

Проснулся. Луч
Скользит по дну
Безвремья: путч
«Добра» — кляну.

Наивность — ложью окропит.
Слов грех низложен: высь — душ спид.

Нет, я не 200

Ночь, проснулся: уже — не местный,
Большинством наших зря считал.
Избежал превратиться в "груз 200",
Не для этого ввысь летал.

Запугать не удастся страхом
В ниц изолганным — местью дна.
Быть убитым своим же братом:
Перспектива смердит — мрачна.

Территория родины божьей —
Перекроена в концлагеря.
В них — изгнили историю ложью,
Чтоб нагадить — свидомо-зверья.

Провести ль с ним остаток жизни,
Унижаясь и веря в то,
Что отмоет от наци-слизи
Фарисейский с душою торг?

Стихотворение *163*

Нет! — Свобода молит: не надо
Рисковать всем, что мог создать.
Ностальгию обнимет радость:
Смысл есть — берегом берег рождать.

Обстоятельств извечных ветер
Изрезает судьбу — в листья лет,
Прикрывает убогость сетью
Псевдофактов кровавых след.

Не устану платить по чекам,
Чтоб отдать всех долгов гарем.
Поплыву по раздумий рекам,
Как сгореть — но не стать никем.

Кость судьбе

Бросаю кость судьбе,
Чтобы пустила в город
Безудержности. Клеть
Пытаюсь приоткрыть
В мир извращенных снов,
Уняв покой и гордость.
Останови сверхстон
Безумья. Все — забыть!
Разбей на капли боль
Истомленности духа,
Истрать пустую роль,
Что жизнью назвалась.

Из бесконечья снов
Сотки плед выси — мудрость,
Чтоб не столкнуть миг в ров
Забвения. Лжи власть
Закороти на слабость
Уныния. Возьми меня:
Смерть — в радость.
Усни — в награду,
Чтоб стать — не стадом.
Изнежив псевдострасть,
Застынь мой крик —
Последний зов:
Потусторонний взгляд...

Полнолунье

Я брел по небу к стону полнолунья,
Изнемогая от несказанности дна
Души, изнеженной
                            распятием безумья
Взаимокрика понимания. Узнать
Длину луча отторгнутости бреда
Не извращенной
                            осторожностью мечты —
И все, и слезы
                            перестанут лгать надежде:
Перелопачу псевдосмыслы,
                            чтоб остыть.
Я брел по небу к стону полнолунья:
            Звезда — звала,
            Любовь — сожглась,
            Могилы власть —
            Свое брала.
            Когда? — Не знал
            И с грустью спал,
И брел по небу к стону полнолунья.

Ливень

За окном — ливень,
Внутри — снег.
Мой выбор:
Тебе — грех.

За спиной — выстрел,
Измен — сноп.
Край — близок:
Наив — стоп.

На столе — список
Мирских дел,
Всплеск мыслей:
Сонет — спел.

За окном — ливень,
Внутри — снег...

Плата за плач

Когда человеку платят
За то, что он плачет,
Плачет он или смеется
Над глупостью кошельков?

Если платят поэту,
Торгующему светом
Души своей, льется
Который, пока нет долгов.

Что ж из него слепят
Красные мятые деньги? —
Дом, красивый снаружи,
Лжив и пуст — за дверьми.

Как не предать рифму,
Совесть, ростки жизни?
Жду, когда будет разбужен
Внутренний мир глубины.

Бледнеет ночь

Бледнеет ночь
Перед
Рассвета бегом —
Из жизни прочь
Перенесу
Победы —
Не их желал.

Больной — ничем,
Пересуждаем — всеми,
Кого не знал.
Бессмысленных дилемм
Нет в гаснущем гареме.

Мне б только
Белый саван
Сшить,
Чтобы уйти,
Но — быть...

Стихотворение *168*

Январь

Усильем воли — существую,
Добра не жду и не даю.
О днях былых? — Нет, не тоскую,
А настоящих — не люблю.

Тщетой испробовал все связи,
В личине каждой — побывал.
С души не смыть останков грязи:
Наивно — в крик её желал.

Мне всем не нужных наставлений
В ноль — надоело раздавать,
Нашёптывать круги молений,
Что не разрушу храм опять.

Но сам себе — давно несносен,
Уйти пытался в вечность — зря.
Отбыл с трудом у жизни осень —
Недалеко до января.

Стихотворение 169

Степной

Одинокий, степной,
                 изувеченный,
Постигая судьбы
                 бесконечности,
Вновь — кричу,
                 чтоб услышать безмолвие
Притяженья
                 вселенского холода.

Им отбросив
                 мирские потребности,
Ниц готов
                 зову вечности следовать,
Средь камней, слез,
                 безнравственной сырости,
Древо, розу —
                 живыми чтоб вырастить.

Стихотворение 170

Трон

Воздух — чист,
Я задыхаюсь.
Полон — стол,
Душа — пуста.

В белый лист,
Крича, бросаюсь.
Спетым — зол,
Другим — не стать.

Призрак дней,
Проросших в старость,
Чертит круг
Девятый мне.

Жду — скорей
Смыть, что осталось
От ничтожных,
Слов камней.

Стихотворение *171*

Брошен меч —
Перед судьбою.
Вздохов лет —
Уже не счесть.

Праздность, встреч
Пустых застолье.
Трон — согрет,
Но я — не здесь...

Пиво жизни

Снова мчусь по Баварии — пиво в руке,
А в другой — две сосиски,
Без компа — налегке.

Завтра в леной Италии — дать семинар
Я лечу из Вестфалии -
Там ждёт math: super-star.

Не могу отличить Альпы от облаков -
В них врезается поезд — попутчик богов.
Что еще пожелать — будто есть уже всё.

Где минуты достать, чтоб исполнить расчет,
Взятый как-бы на час — отдавать на всю
　　　　　　　　　　　　　　　　　жизнь.
Предвещающий глас: их полно, ты — один.
Непрочтённых станций — названья в окне
Мелькают как годы — ненужные мне.

Умоляю судьбу — хоть чуть-чуть про запас.
Ненавижу борьбу, истощает что нас.

Стихотворение *172*

Где взять творчества гроздь,
Чтоб не стыдно писать
Было мне и другим — в бесконечность

                              сказать,

Что я — был, но — не им...

Страх

Мой друг,
Не внешних сил бояться
Нам стоит —
Всех сторон себя.

Когда по прошлому —
Скорбят.
Над настоящим —
Не подняться.

Бросание

Я бросил жить —
К чему метаться
Кругами, сцепленными с дном? —
Привычно смыть
Мотив, стреляться
С собою прежним: что потом?

Я начал жечь
Тропу обратно
Другими целями, людьми.
Застывшим — лечь,
Душой — распятым,
Соединить два лика тьмы?

Я выпил смех,
Которым прежде
Питал болезненность и слом:
Втайне от всех,
Скользя к надежде
Разорванным обидой ртом.

Стихотворение *174*

Я бросил жить —
Ответить нечем
На лес укоров и причин.
Я бросил жить —
Застигнут вечным
Врасплох:
Последний такт,
Ненужный стих —
Пою один...

Икона

Прозрачные глаза,
Искусственные слезы
Зовут на дно души
Сильнее, чем судьба.
И — нечего сказать,
И — жгут метаморфозы,
Чтоб ими зов расшить,
Чтоб ими смыть раба.

Строптивое ничто,
Ослепнувшие дали
Ласкают пеной снов
Погибшие цветы.
Прикроюсь нег листом,
Раскрашу в изначальность
Лжи эшафот — готов
В безумии застыть.

Стихотворение *175*

Уродуя мотив,
Заклею стон куплетом
Из ненасытных слов,
Постигну болью лет
Желанье роз разлив,
Останусь жить скелетом
Изглоданных долгов,
Которых уже нет.

Превозмогая ночь,
Зайду на миг в открытость,
Поставлю им свечу ,
Приросшую к руке:
В иконе — сын и дочь,
Украденные бытом,
Пейзаж, деревьев чуть...
И свет невдалеке...

Точка

Кричал изгой,
Пытаясь ложью —
Прощений слой
Незримо смог
Свить невозможность:
Страсти ложе.
Казнясь мечтой —
В свой склеп-острог.

Предвижу: здесь
Творец не нужен —
Размножу спесь
По ликам строф.
Толпой контужен —
В рост пред худшим.
Отвергну лесть —
Царицу снов.

Стихотворение 176

Изнемогать
От ласк прегрубых
Устал. Принять
Залог из лет?
Любви губ чуждых,
Нежных, глупых —
Не оторвать
От прежних нег.

Закончен след
Из хруста ребер,
Прозрений чред,
Искрасил бриг
Святым подобий.
Ряд надгробий:
Мерцает бред
Из точки — в стих...

Листание себя

Бассейн
Сознания
Залит
Листанием —
Себя.

Смысл —
Не унять,
Мир —
Не обнять,
Не спать.

Заснеженностью
Стен
Сокрою бред —
Иссушенный
Скелет.

Его высочество,
Незримость
Одиночества —
Поет мечту...

Стихотворение 177

Иней

Тешусь мигом,
　　　　блистающим
　　　　　　инеем
Бесполезности
　　　　прожитых
　　　　　　дней —
Уколоться
　　　　расхожей
　　　　　　идиллией,
Набродившись
　　　　по венам
　　　　　　страстей?

Стихотворение *178*

Изомлеть
            от хвалебности
                        мстительной,
Достигая
            ничто? —
                        Чем скорей
Приласкает
            итогом
                        действительность,
Тем прозренней,
            спокойней,
                        острей...

Бой

Я не скрывал себя от боли,
Отчаиваться — не любил.
В тени души нашел раздолье,
Источник долгожданных сил.

Отжитых лет туман безумный —
В долгах захлебываюсь им
Лишь иногда. Порывов шумных
Не слышно больше — стал другим.

Вокруг коллапс, пойду, вбирая,
Без компромиссов пред собой,
Воздвигну мир иной, то зная,
Что беспощаден будет бой.

Стихотворение *179*

Палитра отвергнутости

В бреду отпетости
Зажгу нелепостью — весь мир!

Отстойник совершенства
Нищи,
Золой неистощимость
Брызжет.
Больной старик могилой глаз
Безумье обнимает —
Он знает,
        знает,
            знает...

Отвергнутость,
Палитру изготовив
Из черноты сплошной
И боли — спешит.

О! Тоньше кисть —
Ведь жив.

Стихотворение *180*

На гребне

Жалость ускользает
Из моей судьбы —
Внутренним решаю,
Обладать иль быть?

Обстоятельств море,
Всех причин — не счесть,
Чтобы из простора
Жизни — сделать клеть
Из почти любимых,
Из ненужных дел.
Бесконечным сдвинут
Личностный предел.

Стихотворение *181*

С низменным — простился,
Ждать их — перестал,
Тем, кто чувствам-листьям
Прорасти не дал,
Отпустил без криков
Грех, без лишних слов.
К будто очевидным
Истинам — пришел.

Устоять на гребне
Волн из глубины
Мне помогут — вера,
Космос, дух... и сны...

Решето

Распластанных улиц
          листая страницы
Чужих городов искореженных тел,
Я спрашивал тень,
          что над ними клубится,
Откуда приходит мечтаний -
          расстрел.

Заплеванный смысл -
          прекращает свиданье
С ударами нищих и с плетью богов:
Затем перелет —
          решето расставаний
Просеет остаток -
          бессмысленных слов.

Приглажу узор
　　　　превращения в нежность
Избитыми жестами вычурных дней,
Которых давно
　　　　не питает небрежность
Пустых недотекстов,
　　　　что смерти больней.

Смешно

Смеются все. Родители в восторге,
Когда ребёнок появляется на свет.
В Америке — смеются даже в морге,
Когда причин здоровых — вовсе нет.

Смеются в школе, на экзаменах и двойкам,
Учителя в истерике от текстов и постов.
На месте знаний — смайлики и
                                                чаты-мозгобойки,
А вместо интеллекта — гнойники понтов.

Пришел к врачу зубному, он смеётся
Беззубою улыбкой над тобой
И всеми, кто надеялся, что обойдётся
Без обучений и страданий — деньги в боль.

Пилот из самолёта рассмеялся,
Когда пикировал на землю с облаков.
От пассажиров уголек смешной остался.
Учить матчасть? Зачем? — Для СМИ сюжет
                                                готов.

Стихотворение *183*

"Правительство" смеётся над лохами,
Зарплату каждый годовую их имея — в пять
минут.
Пиджак надел, скакнул: комик-убийца с нами.
Всем "избранным" плевать, в народе кем зовут.

"Законы" до смешного "справедливы":
Прямой наводкой — в пыль. Кричи
"Демокр.-Ура"!
Все заголовки "новостей" — глумливы:
Предать всегда — сегодня, завтра и вчера.

Трупы всех стран — над вирусами рассмеялись,
Корон-скелеты, у которых узкие глаза,
Без "амер.-качества", плебеями считались:
Ведь к ним на завтрак — прилетала мышь... или
ползла гюрза...

В конце я пред Всевышним думал рассмеяться,
Но он опередил меня и начал хохот сам.
Лишь привкус смеха жизни на губах успел
остаться.
Сон-hibernation, last rebooting, cleaning RAM...

По страницам классиков

Злой брожу
По страницам классиков —
Стонет жуть
От порывов гаснущих.

Чтобы чуть посветлей
Доживал миг, своей
Прорезаю пустыню — жадностью.

Извожу
Неповинных сотни строк,
Молча жгу
Столь конечный данный срок.

Притаившись, не стой
У себя за спиной —
От ничто не спасет ни ложь, ни Бог.

Стихотворение *184*

Вопросы

Вопросы рождают ответы,
Которых судить — не должно.
Зачем исходил всю планету?
За что — вновь один? — Суждено?...

Просторно — от дней пусто-бренных,
Противно — от липких ролей...
Откуда мне ждать перемены
Среди одинаковых дней?

Печальность отыгранной сцены,
Кулисы... Там разовость ждет...
Какие могилы — нетленны?
Которая мне подойдет?

Остаток несдержанной правды
Хохочет в лицо приговор.
Зачем продолжать — себя травлю,
С собой нескончаемый спор?...

Стихотворение 185

Вопросы рождают ответы,
Которых судить — не должно.
Так можно ль считать себя спетым? —
Нет. Вижу — и небо, и дно...

Рать двадцатых

Вдруг — проснулся в двадцатом году,
Прошлость — в прошлом. Куда вновь иду?

Всё, что было — теперь не обнять,
То, что будет — не стоит мечтать.

Вокруг тени в обличье людей —
Издеваются хуже зверей.

Не заставит меня леших рать
От безумия масок страдать.

Все законы — погибли в бою
За иллюзию петь холую.

Он у каждого свой - на стене:
Растворяет свободу — в окне.

Бес кричит из душ ангелов — в ночь:
Постараюсь унять, превозмочь.

Чтобы дальше пойти, не боясь,
Унижений избегнуть — стремясь.

Стихотворение *186*

На волоске от жизни

Да, знал, что не уйду,
              как остальные —
Слеза блестит из нежности и зла.
Судьбы объятия, глаза —
              ими живые —
Не позволяют спеть
              безумные слова.

Туманность с газом открываю,
              как в последний
Незажигаемый желанный раз:
На волоске от жизни —
              тот звонок в передней
Отодвигает исполнение — на час.

Стихотворение *187*

Опять — резиновый
         пустынный вечер:
Что дал мне час и сколько
         выкрал лет? —
Когда любить и плакать
         больше нечем,
Умножь повтором —
         внутренний сонет.

Мой рассвет

Укради меня в ночь у безумия,
О! Мой Бог! Разорись, уведи
Вдоль ростков бесконечности —
В сумерки,
В разноцветную времени высь.

Не спасти перезвон нераскаяньем,
Не истратить того, что не знал,
Как сберечь от предела.
Несказанность
Умолю не шептать мне финал.

Мой рассвет вновь бредет мимо линии,
Предначертанной всуе судьбой,
По раскраденным снам и идиллиям:
Мой рассвет —
С одинокой звездой...

Стихотворение *188*

Им

Да, жизнь у них — как будто игрек равно икс.
Ни полюсов, ни даже изменений.
Её не то, чтобы не хочется "на бис",
Нет каждодневных сил: с утра — и на колени.

А все так рады, хватанут ещё —
На западе, востоке, на чужбине.
Не чувствуют — неумолимый счёт
Пожизненно: внутри границ не сдвинешь.

Не ведают невежды, что творят,
Не знают, сытые — близка расплата.
В них искренность и боль — давно уж спят,
Ломая девственность рассветов и закатов.

В e-mail рассылках растворяют стон,
Из ICQ и чатов сутки не выходят.
Но — тщетно всё: им жизни не сменить
                                    наклон
На положительный — сей ключ в душе, в
                                    народе.

Забрезжил свет

Забрезжил свет, что не уйду
Безрезультатно? —
Нет!

Сокрою бред — мой смысл отпет
Слоями в низменность зажатых
Лет.

Согрею стон,
Извиноваченный
Мирскими тратами —
Сверхзвон
Высь оглушил раскатами.

Догадкою сражен:
Он иль не Он?..

Стихотворение *190*

Фаэтон

Ночь — зла: приходит день,
Когда ты оглянулся
И не увидел тех, кого любил и ждал.
Ненужности ступень,
Чуть об неё споткнулся,
Чтобы в себе найти — то, что не всё
　　　　　　　　　　отдал.

В ответ — издёвки смех
И бесконечный список
Долгов, что не успел и не хотел платить.
Как призрачный успех,
Который — только близок:
Пришел — не сплин ласкать, а жертвой
　　　　　　　　　　отомстить.

Стихотворение *191*

Но вновь — проснусь не тем,
Кого всласть ожидали:
Бессонный потолок —

подскажет верный тон.
Из песен-хризантем
Ковёр сотку печали
И весело прощу —

успев на фаэтон.

Плед судьбы

Надоело — во тьме блуждать,
От стремлений — рябит в глазах.
Не хочу подавлять ночь-страх
Перед тем, как мир свой — раздать.

Пережду издевательств — клеть.
Не сражаясь, сомну — их смех.
Не замечу — ничто помех:
На разбеге — душой истлеть.

Прекращаю раба — играть,
Одеваясь, морд-тряпкам — нет.
Не целую ничей портрет,
Чтоб всю жизнь не пришлось — блевать.

Прогоняю соблазнов сонм,
Их тщетой зараженных — нег.
Набросаю в стол — альф, омег:
Высь зажечь — бесконечьем солнц.

Стихотворение *192*

Удалю белых строк — наив
Ожиданья неверных ласк.
Не приму — шепот вслед: схоласт —
Плед судьбы из потерь — скроив.

Строка

Ты — строка моя,
Горстка символов.
Ты — стена в не-Я,
Вновь — прости меня.

Файл сна байтами
Излучает свет,
Прерываемый
Стоном тех, что нет.

В крик прочту слезу
Их отчаянья,
Отведу грозу
Внутримаянья.

На экран в ничто
Положу свой крест,
Пережду восторг,
Переставлю текст.

Стихотворение *193*

Ты — строка моя,
Горстка символов.
Ты — стена в не-Я,
Вновь — прости меня...

Супермногообразие жизни

Обреченность усыпана
                снегом идиллий —
Спасти ли мой свет,
Залепить ли
Последнюю озабоченность
Вздором из многоточий? —
                Нет!

Свастика снов недосказанных,
Ласки — отравлены разумом.
Супермногообразие
Жизни —
                в бред...

Стихотворение 194

Розыгрыш

В ночь слышен
Огрубевший голос
Неисполняемой мечты.
Ее ненужные штрихи —
Рисуют колос.
Хор графоманов —
Брызжет злом.
Мой крик —
Не рифм дна свалка,
И не размеров жалких
Избитых —
Стихотворный дом.

Я пью себя,
Пьянея болью,
В них исторгаю
Смысл того,
Зачем я был
Здесь так,
Чтобы истратить роли,
Зачем плыл не туда
И греб не тем веслом? —
Да, просто жил...
Молил...
И стыл,
Разыгрывая слом.

Ночь

Измерзший шепот сердца —
Темно в душе, не сплю.
Играют форте скерцо
Две феи — страсть и грусть.

В окне из целей лампа
Мигнула, как в груди
Больной — смешные штампы
Потерь числом будить.

Нет — искренних сомнений,
Мечтания все — прочь.
Не жди моих коленей
Изшедшей жизни — ночь...

Стихотворение *196*

Цель

Безумно счастлив — одиночество.
К чему стремился в крик, того достиг.
Покоя ноль обнять — не хочется,
Смысл жизни — творчеством возник.

Он — не в работе и не в женах,
Не в детях, и не в должностях:
В движенье духа — все к иному,
А смертные — пускай простят.

Внутренние миры

Два мира есть внутри у нас —
Мир удовольствий и желаний.
Внезапно в крик меня потряс
Мир глубины — святой и странный.

В него открытость — не для всех.
Бренные в первом пролистают
Не-жизнь, искусственный успех
Имея, всё: душа — пустая.

Советов, как тот мир постичь —
Бездонно-тщетна гроздь раздумий.
Внечеловечный скрытый смысл
Жжет изнутри — полет в безумье.

Горизонт

Изорван горизонт,
Распятие — кольцом.
Не слышу пения —
Осенняя
Любовь-содом
Переиначивает сон.

Окно разбил —
Не тем лицом.
Их плен —
Мой счастья морг,
Усопший
В измороси
Из мечты —
Стремлений виноградник.

Секундный дым
Крик-взгляд —
Оплел седым,
Напоминая запахом,
Ненужным вспахан был —
Не-целей пыл.

Истомленный
Последним
Сном
Непрошеных
Ненужных слов
Немой души —
Заблудший всадник.

Стареет...

Стареет...
За окном сереет —
Пейзаж.
Багреет...
Жизни след — не греет
Пассаж.

Мечтает...
Смыслов нега тает —
Кураж.
Светает...
Лет пустых считает —
В тираж.

Бунтует...
Выси дух флиртует —
Шантаж.
Трактует...
Кадры — в нуль: диктует
Монтаж.

Стихотворение 200

Пустеет...
Файл своих — редеет:
Не блажь.
Черствеет...
Боли нет — яснеет
Мираж.

Наивно ждем

Мы ждем, наивно ждем,
Чего? — Нет, неизвестно.
И в интернет кладем
Без рифмы — недопесни.

Надежду нежит мысль:
Ведь кто-то понимает.
Ждем: впереди — лишь высь,
А не игра пустая.

Вновь — розовость очков
Приводит к повторенью
Бесчувственных оков —
И не к любви, но к тленью.

Мы ждем, что боль пройдет,
Исчезнувший — вернется,
А время не уйдет —
С мечтой переплстотся.

Стихотворение 201

Что не родят не те,
Ненужность — не догонит,
Хвастливой слепоте —
Спасибо не обронит.

Ждем: за войною — мир,
И встреча — за разлукой.
Что месть, как эликсир,
Изнежит раны скукой.

Что за убийц ответ —
Не понесет невинный.
А праздники побед
Не пахнут формалином.

Что сумасшедших — нет,
А жизнь — не раз дается.
Фальшивым был билет,
Не выиграть — придется.

Наивно ждем...

Радиация

Воздух —
Слепящий поток радиации.
Гложешь —
И жизнь икс-лучами стирается.
Нет!
Не хочу распадаться на атомы!
Может туда? —
Безупречно зажаты мы.

Тишь и спокойствие:
"Что вы, не бойтесь вы..."
Чем же измерить все?
Детского лепета,
Сущности трепета,
Верой в лжи степени —
Не обойти.
Так с кого же спросить?..

Поля одиночества

Белые поля квантовые
Снега-одиночества
Пролетают в прошлое,
Не оставляя за окнами
Искренности следа.

Эмоции осиротевшие
Как песни вслух неотпетые
Растворяются нежностью
Ледяного дождя
Невысказанности на проводах
Связей ненужных-незначимых,
Жажды неотчаяния.

Струны
Фламенко-разорванности
Под хлопки смеющейся
Над собою судьбы,
Вовремя недоигранной.
Это всегда и со всеми —
Не может злостно не радовать,
Оправдывать. Ну и что?

Время не тает медленнее,
Неизбежно — дети вырастут,
Страсти иссохнут — вовремя,
Снова жизнь пронесется мимо,
На белых полях одиночества
Не оставляя следа...

Звон

Прикрою зрелость —
Есть, что вспомнить,
Постигну смелость,
Чтобы жить.

Всем преходящим —
Перекормлен.
Мотив скользящий —
Не убить.

Кому хохочет
Тень сомнений?
Пустым не хочет
Всхлипнуть сон.

Мечтаний грусть —
Души биений
С собой. И пусть.
Чуть слышен звон...

Стихотворение *204*

Стихи писать, что Родину предать

Стихи писать,
Что Родину предать:
Неужто на реальность нет и сил?
Уже не время ныть, стонать.
Заставить их меня читать?
Зачем? Чтобы известным стать?
Кому? Ты так решил?
Быть может время скоротать?
И спрятать страх — в строку?
Бессилье оправдать?
Твоя вина — ряды могил?
Не смыть позор, закрыв глаза
На зомби рать.
Веков неистовых печать
Не превратят в достоинство —
Ни слёзы псевдоумиленья дном,
Которое ты сам себе
И для своих —
Во грешности отрыл...

Стихотворение 205

Всех перебрал

Всех перебрал —
И что же? —
Зрительный зал
Истошность
В никчемность перегноя
Превращал.

Иллюзий бал
Восторгом
Жизнь предавал,
Отторгнув
Заиндевевшей Вечности
Оскал.

Исколесив
Все грани,
Сложив из сил,
Мечтаний
Неприкасаемый золой
Наив.

Стихотворение *206*

Перемолил
Страданья,
Перекусил
Желанья,
Чтоб незаметный
Крик мой
В будущем застыл.

Прости

Из ненасыщенных невстреч
Мы ищем будто избавленье
От нас, которых нет.
Изорванный билет...
Полетами — слез не истечь.
Ни в день, ни в ночь.
И вновь:
Не с теми, не за тем —
Ни с кем...
От скушных жизни схем
Так сразу не уйти.
Прости, моя судьба —
За несвершенные творенья...

Ненужность

Конечно, все когда-то — было,
"Ничто не ново под луной".
Цель притягательно светила,
Чтобы исчезнуть за иной.

Теперь, когда увешен знаньем
Всего вдали, внутри и вне,
Ненужность всплыла как пиранья,
В невосполнимости окне.

Открыть и броситься в объятья
Непредсказуемых оков? —
Иных, считавшихся как братья,
Уж не узнать за клетью слов.

Когда любимые и страны
Друг друга всуе предают,
Ненужные идей нирваны,
Как лик вверху — надежд приют.

Стихотворение *208*

Оставить бренность на съеденье
Ушедших в прошлое побед? —
Простой рецепт: унять забвенье
Перерожденьем — следа в след.

Цветы забвения

Цветы забвения,
Соприкасаясь, пели
Смысл воскрешения.
Утрачивая цели,
Мотивы искренней,
Истомленной мечты
Сожгли сок жизненный,
Чтоб эхом пустоты —
Растаять в стон.

Броском — к безбрежности
Льда одиночья клети,
Ползком — от нежностей
Отравленных столетий,
Болезням совести —
Душ внутренний простор.
Покрытый грустью стих —
Им памятник-укор:
Облучен сном.

Стихотворение *209*

Города-девственницы

Новые города — что девственницы:
Когда ты познаешь их в первый раз,
То восторг сверхнеописуемый,
    А назавтра — пустота опять...

Они твердят псевдоистории —
В сути полностью сочиненные,
И любят себя так неистово,
    Забывая, что иные есть.

Их прошлое — как-бы полно гордости,
Что события там своебытные.
Хотя улицы, имена и здания —
    Умножены, как в ста зеркалах...

Так и люди — приходят новыми,
Чтобы жизнь — стиралась и рушилась.
А в конце — остаются наивными:
    "Я как будто — вообще не жил..."

Стихотворение *210*

Соленый берег

Обниму соленый берег —
Запах ночи мне поверит,
Чтоб — собой.
Обойду углы молитвы
Царства вне-событий.
Липкий
Разнобой
Сна души исполоскаю
Искореженностью правил,
Чтоб уйти —
От неискренности сцены
Псевдожизни, как подмены,
В крик прочти.

Стихотворение 211

Строки-краски

Строки-краски вливаются в душу,
Будто я — жизнь безумно хотел
Набросать из бесчувственных тел
Нелюбимых. Не знал, что нарушу —
Болевой беспредел.

Высь — забыл за стремлением к страсти,
Перестал править сбивки сердец,
Попытался из будней дворец —
Сколотить, разрывая на части
Бесконечный венец.

На палитре изношенной кармы
Не заклеить неискренность слов,
Не забыть фальшь презренных щеглов,
Отношений истлевших казармы,
Блеск чужих куполов.

Стихотворение *212*

Сонмы бабочек-ласк недонежных —
Окунаю в дождь белый опять,
Чтобы образ достойный распять,
На просторах снов-формул безбрежных
Токи смысла — понять.

Размышления

Исторгаю ненависть
В корзину для страсти.
Их чужая преданность —
Залит псевдосчастьем.

Ускользаю в жертвенность
Заброшенной мести,
Растворяю целей кость —
Растраченной честью.

Постигаю лестей нош,
Наигранность смыслов —
Принимаю жизни грош,
Умерши сном быстрым.

Проникаю мыслью в крик —
В украденных лет звон,
Повторяю страсти миг —
Раздавленным детством.

Стихотворение *213*

Раздражаю истовость —
Попытками бред смыть,
Намекаю в искренность
Забыть нежных нег быт.

Прерываю слет-парад
Бессмысленных мифов,
Закрываю ставни в град
Свершений без рифов.

Последний полет

*Памяти
Александра Будянского*

Ушел мой друг,
Или — "ушли"...
Очерчен круг —
Миг в крест — нашли.
Один лишь путь:
Как птица — вниз.
Забыть, уснуть...
Туда нет виз...
Отбор — жесток
И слеп, и глух:
Лишь лучших — в сток,
Земля им пух.

Стихотворение *214*

И мы, предав,
Во лжи, смеясь,
Шеренгой став,
Взглянуть боясь
Друг другу — вглубь,
Чтоб — "не со мной".
Из бледных губ —
Елейный гной...

Всех не стряхнуть,
И не уйти —
Не ускользнуть...
К тем снизойти,
Отмстить, чтоб жить,
Как он мечтал.
Смысл обнажить:
Что ж, зря летал?...

Юбилей

Кто б не хотел
В свой юбилей
Дух вопросить:
Всего достиг?

Прослушать их
Псевдоелей,
Сжечь ящики
Постылых книг.

Те, что написаны —
Тобой,
А средь читателей —
Лишь ты.

Душа опять
Стремится в бой,
Но смыслов нет —
Вне красоты.

Стихотворение *215*

Куда ушла? —
За пледом лет,
Рассеянная —
В тенях лиц.

Они — единственный
Мой свет:
Короткий всплеск,
От жизни — блиц.

Круги

Не слышать бы души
Наивных песнопений,
Им белый саван сшить
Из похоти и лени,
Объять себя нуждой
Невысказанной сути,
Пренебрегать хулой
Пустопорожних будней,
Ударить по лицу,
Меняющему маски,
Страх подавить, уснуть
На временных соблазнах.

Стихотворение *216*

Ответить? Перед кем?
Вокруг больны типажом
Презрения, в ноль стен
Истратив сонный разум.
Уродуя перо,
Поддакивая нищи,
В неотвратимый стол,
Который ими брызжет,
Несутся не скорбя,
Не требуя отсрочки —
Безумие любя —
Спасительные строчки...

Времени осень

Жить устал я —
Отрезать непросто.
Пыль осталась —
Судьбы не понять.

Часто кажется —
Времени осень,
Часто хочется —
Не умирать...

Стихотворение *217*

Жизни планы

На жизнь, что ими осуждалась,
Особых планов — не держу.
Душа не тем вознаграждалась,
И не от тех — освобожу.

Не знаю, сколько их осталось,
Всех юбилеев — не исчесть.
Когда успеть самую малость? —
Кому, чтоб том было прочесть?

Никто нас выслушать не сможет
И не захочет — крик понять.
Забвенье с ним — не перемножить.
Что остается? — Вычитать...

Предельный возраст — не помеха,
Дают лишь знать — пределы сил.
Судьба заходится от смеха:
Вопрос наивный — лишь спросил.

Услышать лесть — так не хотелось,
Непросто жить ради неё.
В последний раз найду я смелость —
Раскрасить белое бельё.

Чтоб не от планов след струился,
А — от безумия идей.
Потерь — не жаль, на них — не злился,
Но стал — действительно сильней.

Жизнь

Моления восторгом не насытился —
И сник.
Что же успел? — Старик
Рассеян безысходностью.

Неуспокоенность —
Зло разума царит
Не там.

Внечеловеческая нежность —
Не луч.

Ответь! Кто здесь? —
Безбрежность болезненных оков.

О! Жрица снов!
Окатывает с головы до ног
Кошмаром —
Любительница безутешных
И безответных трупов —
Жизнь...

Стихотворение *219*

Скитальские будни

На чужих квартирах,
У ничьих столов
Я встречаюсь с миром,
К миру я — готов.

Прирастаю к месту,
Где пробыл два дня.
Сразу же здесь — тесно,
В нем и нет — меня.

Нарезаю будням
От души куски,
Чтобы не быть студнем
От немой тоски.

Обретаю смыслы
В пустоте дорог.
Опадают листья,
Что спасти — не смог...

Стихотворение *220*

Вновь бросаюсь в стену,
Чтобы — не с окна.
Жизнь куда я дену?
Говорят — нужна...

Обратный билет

Зачеркиваю дни календаря —
Они меня не греют на чужбине.
Одно лишь утешает, что не зря
Не с нами здесь ненадолго, а с ними.

Пустынно-чистенькие улицы — не ждут,
Трепещущая милая — не встретит.
Всё посторонне: смысл, быт и уют —
Незримо окружен прозрачной клетью.

И кажется, не смогут полюбить
Чужой страны — для нас простые души.
Они ведь думают, что не пробить
Надменность. Я чуть-чуть простужен
Разлукой с теми, для кого вопросов нет,
Разрывом с теми, от кого не защищался.
Листаю вечерами крик-билет
Обратный — в дом,
С которым будто и не расставался.

Стихотворение *221*

Застолье одиночества

Пыл зимовал —
Во мне мечта гнала.
Куда? — Не знал.
Она отсчитывала — я считал:
И не сошлось...
И злость,
Изнежась
Песнопениями страсти,
Зажав оскал,
Неслась.
Там вечный бал,
Смердящий,
Оргии ласк,
Застолье одиночества —
И Спас.

Молитва

Господи!
Спрячь меня от печали.
Господи!
Не давай те видеть сны.
Что же мне
Начинать жизнь сначала?
Как же ты
Допустил плач глубины?

Господи!
Скажи, где хранишь мечты?
Ложными
Неужто были цели здесь?
Господи!
Ответь без обиды, кто же ты?
Может быть
Я все время кричу себе?..

Дым профессионализма

Бездарно блеять, шкрябать три аккорда,
В Youtube — "скромно" показать себя,
Достоинство забыть и гордость,
Собрать друзей, чтобы "на табуретку" встать,
Заставить слушать графоманства строки,
Измучивать занудностью пустой
Души, которая самовлюблённости оброки
Платить не собирается. Ответ простой:
Не нужно думать о себе — любимом,
Терзая окружающих больным
Набором комплексов — постичь незримый
Для хвастунов — профессионализма дым.

Стихотворение 224

Независимость души

Вне толпы независимость —
Цель не может быть истовей.
Возрождается истина —
Склеит высь из души.

Неприкаянность зиждется —
Беспредел ясновидицы.
Уникальностью дышится,
Пока в мудрость — пиши!

Призма

Желаний — нет:
              чего изволить хуже.
Из призмы свет струится,
              ночь любя.
Квадратный склеп —
              вновь творчеством
                            простужен,
Душой ослеп,
              над строками скорбя.

Роскошный рой
              привычных притязаний —
Займу собой, чтоб им
              не дать уснуть.
Закрыл пустой сосуд
              былых мечтаний.
Прошу — не скрой
              в девятый круг неблизкий
                            путь.

Стихотворение *226*

Раскрою ларь
                        заплеванных стремлений,
Умножу старь
                        на непрожитых лет
Восторг, уняв
                        безумье представлений,
Всех излистав —
                        никем не был согрет.

Проникну в лист
                        сквозь примитивность воли.
Ласкает бриз —
                        сомнений и потерь,
Застывших статуй —
                        горькое застолье,
Обломки времени,
                        в открытость дверь...

Пыль мира

Так жаль предателей —
Будто святые.
Признать, что стратили? —
"Мы детей вывозили".

"Да, сделать лучшее,
Что могли-хотели".
Рабов при случае,
Наплодить посмели.

Спросить: "Вы счастливы?" —
Не хватало сил.
Пустот всевластие —
Из вины настил.

Безмолвье комплексов,
Несвершённых дел.
Как лгать потомкам всем,
Что ребенок — цел?

Стихотворение 227

Да — смог ничтожностью
Обойти тебя,
Забыть про: "Кто же мы?" —
Пылью мира стать.

Все — возвращаются,
Чтоб нам доказать:
Не зря же маются —
"Там же — благодать".

Мне слабо верится —
Загляни в глаза.
Искрой жизнь мерится —
Обмануть нельзя.

Подай надежду мне,
Что я был неправ:
Облака тщетных лет —
Целей с болью — сплав...

Трясина

Незаурядность, как ненависть,
Стоит того, чтобы не дожить,
Если ты сам распадешься
На мириады "не-Я".

Непережитым останется —
Крик заморожен не радостью —
Ночи разрезаны светом,
Чтобы одной вечной стать.

Нервная проповедь жалит ночь,
Нежностью бреда не превозмочь —
То, что меж ним остается,
Вновь попадает — не в счет.

Звоном поношенных прелестей,
Смыслом, утраченным целями,
Святость души захлебнется —
И завершит свой полет.

Стихотворение *228*

Мысли не в рифму

Мне надоело говорить
Одно и то же — всем...
От слов тошнит,
И от себя — не меньше.
Вновь снилось — я средь женщин,
Которых нет среди людских людей.
Но почему, откуда и зачем?
Нет смысла в злых упреках.
Лишь отвращенье ко всему,
Что соткано — из лжи.
Их нет, они — в воображеньи,
Больном наивным пледом сна.
Чтоб не идти вперед,
Любым предаться ухищреньям.
А где-же слезы, чтоб понять
Ненужность, тщетность и конечность
Бесследного исчезновенья
Слоев надежд и ненасытность дна.
Без них — предел не взять...

Стихотворение *229*

Трон забвения

Изысканнейший трон
Забвения
Наскальным занавесом
Бреда,
Казалось-бы,
Спасён.
Усталость
Рвения,
Душа -
Лжи полигон,
Мысль -
Псевдослепок
Гения.
Где статуя? -
Лишь звон...

Стихотворение 230

Услышь меня

Молитвой полон —
Чаша брошена.
Раскрепощенность —
Вне беды.

Дыханье соломинки
Скошенной
Остыло —
Сгинь
Безрезультатность
Ненависти сытой.

Окончанье сна —
Недорисованность полотен
Прошлой непорочности:
Услышь мя,
Господи!
Услышь меня!
Услышь...

Стихотворение *231*

Рассвет

Рассвет
Напалмом обагрил
Мой смысл.
О! Нет!
Не предавай
Мечтаний
Даль —
Да! —
Полнолуньем жив.

Отсвечивает
Суть-грааль
Спасением
Броска в Ничто —
Стремлений
Праведных,
Невинных морг.

Сна
Одиночества
Восторг —
Измученности
Зла
Хрипящий стон —
В печаль,
В наивность времени,
В нетленность,
Бред.
Неприкасаемый
Изгой —
Рассвет.

Рисунок нервами

Рисунок нервами
На плахе одичалой
Бездарной чернотой —
Чтобы казаться алой,
Взойди действительность
Невинных и рабов,
Всеподозрительность
Искусственных снобов.

Жгу одиночество,
Теплом лжи согреваясь,
Пустыми строчками.
Рассудок — клочьями,
Нежизнь полночная,
Стена больная...

Стихотворение *233*

Тост жизни

Выпьем же за то, что мы не пьем,
Любим часто тех, кого не любим.
Чудится, что мы опять вдвоем.
Видится, что вскоре ими будем.

Кажется, что было все не зря,
Хочется, чтоб так все и осталось.
Листья из желаний октября
Обещают в ниц исполнений малость.

Жаль, что не успел не опоздать,
Всем отдал не то, что им хотелось.
Чувства не разрушить, а создать —
В этом целей творческая смелость.

Выпьем же за то, что мы не лжем,
Крохи правды на столе для них остались.
Сытость не бывает — жизни миражом.
Сладости предательств, нищь и зависть...

Божественный напиток

Божественный напиток —
Мир иллюзий.
Незаменимость мужества
Поглотит их бесцельность.

Лишь радостью избитой,
Ненавистью зла
Не перемножить
С искалеченностью
Стыдной
Их модуль ярости.

Остановись!
Не-времени
Окостеневший студень,
Сожми в тисках
Отчаянья мечту.
И не-пространства
Нильпотентную трясину —
Растай!

Стихотворение *235*

Пусть не узнал
Соленый запах Солнца:
Не отвернись!
Отдай
Себя — в иную стать,
В заплеванную высь...

Джунгли лет

Застывший на ночь бред
Безудержным молчаньем
Раскрепостился сном.
Сжигая джунгли лет,
Унылых обещаний,
О, бесконечный ком,
Уймись!

Аккорд последний спет —
Душа с душой свиданьем
Закрикивает стон —
Нагорловой браслет.
Изрешетив лобзаньем,
Надежды злой перрон —
Сожги!

Стихотворение *236*

Остолбеневший
Вой ветра —
Закостеневший
Слой пепла
Приму,
Сожму —
Усну...

Графоманьяк

С тяжелой сумкой, полной незабвенных,
Взлелеянных "заботливой" рукой,
Стихов и предисловий вдохновенных —
Графоманяк шагает по Сумской.

Дрожи редактор, прячься, секретарша —
Сейчас навалит кучу из бумаг.
Поэта Ч. довел он до инфаркта,
Читая вслух поэзию дворняг.

Резвясь в тени известных и великих,
Их славу изнасиловать не прочь.
Он — автор комментариев безликих,
Которых в ступе не перетолочь.

Согбенны плечи, пальтецо потерто,
Чернеет кепи над упрямым лбом.
Он, отвергая мысль о пользе спорта,
Был занят только "умственным" трудом.

Стихотворение *237*

И обнаглев до степени последней,
Льву стал грозить убожеским пером —
Застигнут им и съеден был в передней
Дешевой славы. Не скорбить о нем...

Раскованность сомнений

Раскованность сомнений, растворяясь
В наива порах
В крик
Распластанной души,
В вопросах пеленаясь,
С небом споря,
Влечет к обрыву бесконечья снов -
Пиши!

Раскрашивая смыслов ночь в сто свежих
Заиндевевших низменным,
Больных цветов,
Задерживаю выдох на манеже
Спиральной псевдожизни,
Наспех сшитой
Из мечты кусков.

Стихотворение 238

Заигрывая с плетью Выси
Внешним,
Уставшим от неискренности
Пред собою рвом
Глубинным искореженных отметин,
Превозношу — все тот же Лик,
Предчувствую — свой слом.

Жестокость правил лже-пророков
Сдержит
Вне-изливание себя в бездну других -
Но лишь на миг.
Застынет мысль
В надежде,
Что это — не последний,
Не последний! —
Стих...

Катрены

Бесцельно жить,
Смотреть в окно.
Гореть иль стыть —
Мне все равно.

Чужих ласкать,
Но не любить.
Катренов скальп:
От них — знобит.

Рассею лет
Незримых — в стен
Безвремья плед,
Взлечу с колен.

Нет, ничего нет

Нет, ни любить, ни верить — больше не
                                        способен.
Мой крик — ненужен, пуст, анизотропен —
В ничто.

Ни женщин нет, ни смыслов — лишь утраты.
Прощений плед разорван, их закаты —
В лицо.

Отныне остается: в ниц — смириться
С предательством
            здоровья, возраста. Мне снится —
Что сплю.

Мосты не сожжены, их в темноте —
                                    не видно.
Тщетны усилия и смех надежд — обидно.
Молю...

Познание

Познанье — вечное спасенье
От неустойчивости, зла,
От удовольствий и влечений,
Которым в жизни нет числа.
Куда ведут они? Бездумно
Им продавая все нутро,
Безмолвье красим бытом шумным,
Не замечая душ пустот.

Познанье — дымкое виденье
На склоне прожитого дня,
Лекарство от снобизма, лени.
Как ограниченность понять
Своих предшествующих смыслов,
Привычек рабских и ролей,
Чтоб оживить святую личность —
А не поставить крест на ней?

Итог

Цены сложить себе не мог,
От одиночества продрог...
Я был к себе чрезмерно строг —
И вот итог.

Без слов звонят лишь в скайп — и всё,
Меня по байтам к ним несет.
Когда ж с одной лишь повезет?
"Привет" — не в счет.

Они вбирают мою страсть,
Чтоб неожиданно напасть,
Их цель — покорность, ложь и власть,
Мой мир — украсть.

Нет, лучше буду я один,
Расстрел мечтаний, плач и сплин —
Вот, что осталось в жизни, блин.
My pen and screen...

Стихотворение *242*

Пепловорот

Я стал бы всем, покой изъяв -
Струю на тысячи каплинок
Легко разнять, мечтой собрав
Из пепла нечто воедино.

К лучу незримо прикоснусь,
Чтоб изгореть, им освещая
Безгоризонтный внутрипуть,
В такой же пепел превращаясь.

Стихотворение 243

Перемножение

О! Нет!
Ничтожность
Не перемножай
Со мной.

Усталый,
Злой —
В ночь
Истину
Раздал.

Стынь
Жалость
Искренности,
Чтобы растаять —
В боль...

Стихотворение *244*

Дороги ввысь

Душ простор, не от мира
           восторженность -
Берегу.
На рассудок холодный
           умножить бы,
Не на грусть.

Жаль, попытки забыть себя
           в прежнем сне -
Сорвались.
Все дороги обратно
           закрыты мне -
Только ввысь.

Стихотворение 245

Смысл

Так устал —
Себя сверхненавидеть...
Время — растворяющее ничто...
Ночи-одиночи тягучие
Будто за работой — зачем?

Очищающая неустроенность,
Преднамеренность отождествления
Мирских многомерных понятий:
"Когда", "почему" и "за что"...

Приходящие — вновь уходящие...
Обочина — непонимания...
Псевдоухмылки наивные.
Но ведь нельзя не любить?..

"Да... живет в свое удовольствие" —
Твердят они закоулками.
Такого — не пожелал бы, злясь,
И в откровенном бреду.

Стихотворение *246*

Не внимать — Его предсказаниям,
Пока все — до дна не исполнятся.
Неприкаянно, поздно, изойденно...
Только может быть — в этом и смысл?...

Слов стаи

Слов нищих стаи
Лжи трон сверстали —
Обезображенность нутра.
Изнемогаю
Застывшим лаем
Отверженности — без добра.
Усну нетленным
Рабом вселенной,
За призраками — небо зла.

События стены
Омою пеной
Невозвращаемой мечты,
Чтобы в отчаяньи вкусить,
Как вскроют вены —
Удила.

Стихотворение 247

Жизни лаборатория

Образом липким снисходит исторженно
Изморось болей — на сладость умножена,
Линия далей бездушьем растрачена —
Высшего малость конец обозначила.

Жизни просмотренной лаборатория,
Быта ничтожество — пыль на заборе "Я".
У бесконечности смыть направление —
Вместо галактики вспыхнет вселенная.

Стихотворение 248

Заснеженность

Не смыть заснеженность
Веселой пляской псевдосмыслов.
Целей коктейль,
Замешанный
На бесполезности,
Глотает минус-жизни.

Кто пьет его
За праздничным столом,
Лжи эшафотом,
Свалкой мглы чудес?

Последний догорает
Искренности пред собою том —
И вот: наива зеркало —
Нож времени,
Меж тенями —
Рельефный и обуглившийся срез.

Стихотворение *249*

Где звезды?
Где отдохновенье? Где розы? -
Истраченность,
Извиноваченность,
Старенье...

Одиночество

Одиночество — высь образующее,
Одиночество — чтобы собой.
Бесконечностью дымкое будущее,
Беспощадности липкая боль.

От объятий его недосказанных
Нет спасенья, гарантий, нет сил.
Видеть в целях, годами размазанных,
Смысл себя, пока в них не остыл.

Прозрачный нерв

Волною надоевшей страсти
Слеза струилась по щеке.
Снег бил в лицо. Я корчил счастье
И — был готов, и — налегке.

Исчезли в ночь за поворотом
Тех — обещанья, тех — мосты.
Две испечаленные ноты
Стирались в горстку запятых.

Прозрачный нерв от напряженья
Мешал корежить мир, творить.
Я преклонил пред Ним колени,
Чтобы принять.
Восстать. И — быть.

_____

Стихотворение *251*

Тридцать три

После грез — в тридцать три
От толпы отойти
Решено, суетятся пусть сами.
Мелких чувств и забот,
Быта невпроворот,
Дел полно — жаль, что места нет
                                    главным.

От завистливых слов,
От интима оков —
Без утрат свободы не будет.
С уничтоженным — слит.
Бесконечности лик —
Пусть поглотит мой смысл — и погубит.

Стихотворение 252

Обида ненависти

Обида ненависти,
Будто плача,
Пришла, нашла —
Пусть не иначе,
Не посягнуть —
О, жуть!
Зовется чем,
Не помню —
О, жизнь!
О, жаль!
Безропотная
Бестолково,
О, тварь! —
Себе лгала.
Не зря, не зря —
Она была —
Мертва.

Стихотворение 253

Интим с наукой

Поздно жалеть, что — опоздал,
На тщетное себя меняя
В надежде получить высокий бал
По внешнему — мой мир никто не знает.

Желание тепла и ласки
Стремило в ноль все лишние из лет,
Пока проникся, что напрасно
Не принял истинный обет:
Займись к концу собой самим,
Пожертвуй праздностью, желаньями,
                          их скукой,
Пойми, с кем нужен истинный интим? —
Не только с женщиной...
                    — интим с наукой.

Стихотворение *254*

Солнечный ветер

Солнечный ветер
Восторгами вечен,
Ласковость встречи —
    Укроет лже-старь.
Выбросом новым
Эмоций дна, словом,
Сжечь мысль готовым —
    Удушенных ларь.

Восковость болей,
Расстеленных в поле
Смыслов — застолье
    На плахе долгов.
Времени скорбность,
Затравленность гордых,
Мелочных злобность —
    Костер нищих снов.

Стихотворение 255

Изморозь белей
Заброшенных целей,
Будто умелей —
     Подменами сыт.
Слипшихся далей,
Надежды усталость,
Низших забавы —
     От них и знобит.

Окраина детства

Сна восторгом упьюсь
В тридцать три наконец-то,
Вне защит окажусь —
На окраине детства.

Безысходность принять —
И свое уже прожил.
Чем истошней кричать,
Тем скорей уничтожить
Себя в будущем дне.
Жизни лоск настоящей
Чтоб покинуть, не смей
Быть пустым, лишь блестящим.

Стихотворение 256

Экстерн

Жизнь — экстерном,
Смерть — лишь раз,
Радость — скверным,
Юность — в час.

Стою — на краю
Лжи и не-сна.
Смою в ночь —
                    полюблю
Все, что вырвалось
                "над".

В городе

В диком городе,
Страстью вспоротом,
Чище гордым быть,
Чем искормленным.

В ночь-изменницу —
Куда денешься?
Душу тени жмут,
Правят целями.

Знать предел себе —
Обхохочешься.
И не той судьбе —
Плюнуть хочется.

Узнавай скорей,
Стоит жить-нежить?
Наглых ряд нолей
Прорастает в стыд...

Стихотворение 258

Мета-личность

Может ли быть душа константой
Глубинной сущности своей?
Может ли смыслом стать не главным
Остаток ненасытных дней,
Проведенных в раздоре с высшим
Инстинктом космо-бытия? —
В себе ответит мета-личность,
Лишенная ненужных "Я".

Стихотворение *259*

Песня прошлому

Бесконечных и бесценных,
Не отмеченных судьбой,
Праздных дней ушло — наверно
Зря не занялся — собой.

На восторги силы тратил,
Не считая кратких лет.
И теперь сужу иначе
Скорбь и тех, которых — нет.

Злясь, заглядывая снова
В жизнь отпетую свою,
Обреченно и бессловно —
Песню прошлому пою.

Степной волк

Я — степной одиночества волк,
Даже некому в стон приласкать.
Что ж — в предательствах знаю толк.
От них просто так — не сбежать.

Не съехать в страну — на запад,
Звонить в пустоту — на восток.
Пейзажей смена — в радость,
Смена эмоций — в сток.

Берег реки — лишь камни,
Берег души — лед.
Игры в любовь — раскаян.
Страсть — нет высоких мод.

Слева — гудят потери,
Справа — хамят года.
Их пережил, не веря,
Что и кому отдал.

Стихотворение *261*

Вновь обошел с молитвой
Бывших — в который раз.
Ноут открыл — там бритва,
Байты прощальных фраз.

Начинание

Обесточив пасхальным объятием
Предначертанность ликов судьбы,
Констатацией неприязненности
Привлекательных плах — не разбить.

Отвергая бездушья потребности,
Превращая исконность в обет,
Возрождением нужд внетелесности —
Избежать иллюзорных побед.

Оступаясь на приговоренное,
Перестав слышать низшего плеск,
По ступеням, святым убеленностью,
Достигать — не бескровных небес.

И укрывшись истомленным проблеском
Заходящего в вечность лица —
Устоять перед сном замороженности,
Начиная с начала конца.

Стихотворение *262*

Не-

Неумолима неприкаянность —
Неглавным.
Неистощимость неестественна —
Не здесь.
Ничто-невинность, не растаявшая
Странным,
Изобличает иллюзорность
Не-побед.

Другой

Что ж, не рассказывал никто,
Зачем, куда меня заносит.
Бросал ли всех? Один...

Нет сил — терпеть ничто.
Прощать ничем,
Отдать не всё,
И не себя — кому, зачем?

Отлынивать,
Им — не звонить.
За что? — За всё,
Что было болью.
Но где теперь она —
Исхода нить?

Стихотворение *264*

Рвет должников —
Унылое застолье.
Один лишь тост —
За пустоту.

В неё уйти —
Наполнить — и вернуться.
Другим — и для других...

Исток

Жаль — в толпе одинок,
В одиночестве — весел.
Изождавшийся срок
У безумья ждет свет.

Где у жизни лжи сток?
Где путь зла в поднебесье?
Смех — такой же исток.
И — не в тот зал билет.

Опостылевший взгляд
И ненужные стоны...
Усмехаясь стоят
В изголовии сны...

Безысходностей ряд
Бесконечность — не тронут.
Надоевший обряд —
Будто мертвой вины.

Стихотворение *265*

Движенье свет

Движенье — свет?
В глубь недвиженье — тьма?
Перед собой отпет —
Души тюрьма.
Полно монет:
Все — мелочь,
Сулема.

Сил нет
Перенести,
Прости
Мой дух, мой ларь —
Извнеприкосновенный.
Уснул,
Мечтой обезображен встарь,
Наивной,
Истинной,
Нетленной.

Стихотворение *266*

Откуда

Откуда ветер, чтобы плыть?
Откуда плач, чтобы смеяться?
Кому отдать, чтоб не остыть?
Кого предать, чтоб наслаждаться?

Покинуть что, кого хотеть?
Создать зачем, чтобы разрушить?
Где столько сил, чтобы терпеть?
Где столько лет, чтоб обездушить?...

Стихотворение *267*

Уход

От предательств дыма
Сил здесь нет дышать
Все неотвратимо —
Новых жду опять.

Налетайте смело —
Столько их сверстал.
Лишь успел то сделать —
Псевдодух создал.

Уходите с миром —
Преданность простил.
Ложные кумиры
У святых могил.

Стихотворение 268

Признание

В ноль растворяю
                      в душах посторонних
Последний всплеск
                      приевшихся надежд,
Не в рифму говор,
                      как из преисподней,
Нестройный слог.
                      Устал среди невежд.

Мои друзья —
                      свобода и дорога —
Не заменяют тех, о ком,
                      смеясь, пою:
Любимых женщин,
                      нежности немного,
Подаренной на миг. Пусть.
                      Всех — люблю.

Стихотворение *269*

Дома из детства,

                готика, машины —
Все это не мое,

                не их, не здесь.
Оно не стоит стона

                без причины,
Не урезонивает

                ожидания чудес.

И наконец —

                признание открылось.
Я рад тому, что,

                как уехавшие, не сказал:
"Будь проклят мир, который мне все

                дал,
в котором, плача, вырос".
Нет, я — не их актер,

                и Брайтон — не мой зал.

Замок

Облагороженная нечисть
Мглы замок строит —
На пустом,
Иссушенная человечность —
Парит над куполом с крестом,
Растрачивая осторожность
На тлен искусственности льда
Забвения — расхожим
Местоимением
Рискуя стать.

Полет

Нет, все равно теперь не выжить —
К чему метаться среди них?
Останки совести бесстыжей
Мне никогда не усмирить.

Я не прощу себе измены,
Но кто ее определит?
Доказываем с криком, с пеной,
Что так имеем право быть.

Себя ласкаем без сомнений,
Оправдывая каждый шаг.
Но, кроме похоти и лени
Мы не имеем лучших благ.

Прощайте все, да будет мир вам —
В себе себя и вас узнал.
Я из страданий моря вырван —
Лечу к началу всех начал.

Стихотворение *271*

Ласковый вечер

Ласковый вечер —
Издымлен сознанием
Раскрепощенности
Чуждости льда.
Явь бестелесая
Скверной желаний
Испепеляет
Восторженный взгляд
На совершенство
Ничто бесконечности:
Страсть к изменению —
Быть бытию.
Если действительность
Очеловечивать,
Нужно ль беречь
Маску лжизни свою?

Стихотворение *272*

Исполинность

И вновь — ожил, как перст — один.
Любимых — нет, а многозначность
Существования в иных
Мирах привносит смысл прозрачный
Незримой цели бытия —
Полету внутреннего с внешним.
Рационального себя
Не возвеличу бесконечным.
Пусть не разобран глуби пласт,
Еще не тронутые жизни
Поют во мне который раз
Молитву будущего — исполинность.

Стихотворение *273*

Рисунок дна

Рисунок дна
Противоречит
Долгов души
Пустому склепу,
Расписываясь
В неупругости мечты...
Принять мираж
За величавость красоты,
Издержки
Неиспользованных снов,
За недосказанность
Надрывных недослов? —
Где же обещанный
Безумный взлет?
Где признаки,
Что я — уже не тот?...

Стихотворение 274

Брошенный в ночь

Брошенный в ночь
    Одиночества,
        Пересиливая
            Свою истовость,
                Успокоенную
            Неустроенность,
        Изнутри
    Обойду
Как беду.

Стихотворение 275

Сад

Лишь только дух
Находит утешение
В себе самом —
Лишь только дух.

Желаний зуд
Ведет к сомнениям,
Залитым злом —
Желаний зуд.

Блаженства яд,
Светом пугает
Внутренней сути перемен —
Блаженства яд.

Прекрасный сад
Опустошает,
Душу требуя взамен —
Прекрасный сад.

Стихотворение *276*

Грань

Грань желанья преступить —
Чтобы жить,
А не попусту мечтать —
Себе лгать.

Ожиданье превозмочь —
Как ту ночь,
За которой будет день —
Перемен.

Усталость

Безумно устал от нетворчества,
Суеты.
Границу возможного хочется —
Превзойти.
Ступенек-лет чуть бы осталось мне —
Вдруг дойду.
Немеет душа от усталости —
Прочь беду.

Спасибо "своим" за предательство —
Всегда ждал.
Желания не с кого спрашивать —
Им раздал.
Чтоб вечно иным возродить себя —
Из ничто.
Сознать многоликость открытия —
Высь и Бог.

Стихотворение *278*

Цветы судьбы

Цветы тревожности
Судьбы моей-не той
Не уничтожить им —
Что ж, нет иной.

Останусь ласковым
К её врагам —
С ядом-лекарством их
Приму в свой храм.

Хорал заставлю спеть
Из предпоследних сил,
Чтоб черно-страстный свет
След освятил.

Стихотворение *279*

Гильотина долгов

От ненужных
Облезлых томов
До привычных
Никчемных объятий
Вмиг себя разменяли —
За грош,
Предыдущим "робея" платить.

Все — спешим к гильотине долгов,
Будто Господу
Сунули взятку,
Чтобы целей циничную ложь
Вновь безбольно
В "добро" превратить.

Стихотворение *280*

Билет

Жаль. Не увижу — то и это,
Не поцелую — эту, ту...
Ради последнего куплета —
Не распылю свою мечту.

Нет. Не забуду расставаний
И не прощу — тех, кто стрелял.
Зло неуместных оправданий
Не растворит души накал.

В крик разбегусь: окно открыто —
Не расплескаю байтов след.
Не счесть клетей из чувств отжитых.
В обратный поезд? — Стёрт билет.

Часть III

Прошлое есть — непрошлого нет

Прошлость

Листья —
Покрываются другими.
Жизни —
Растворяются над ними.
Отраженье — стой,
Все еще — живой.
Листья —
Покрываются другими.

Нежность —
Принимает расставанье,
Грешность —
Побеждает с ликованьем.
Мигом миг — расстрел,
Прикрывай удел.
Нежность —
Принимает расставанье.

Стихотворение *282*

Прошлость
Прекращает путь — сегодня.
Тошность —
Неоконченных застолий.
Извращен мир в смех
Лицемерья — тех.
Прошлость
Прекращает путь — сегодня...

Когда пуст

Исполнением
                желаний,
Снов своих,
Заполняем
                неустанно
Ими сломленную жизнь.

Разливая
                щедро время
Как ненужный груз,
Пустоту души
                оценишь,
Когда — пуст.

Стихотворение *283*

Удары сердца

Число ударов сердца
Оставшихся не счесть? —
Дано. Чтобы воссесть
На Время — хлопнуть дверцей.

Конец размножит — цели,
Их внешне — словно нет.
Утерянный билет:
Нег поезд — не успели
Одновременно все.

Богов избиты смыслы —
Исполнив грех-приказ.
Любовей смыв намаз,
Лже-чувства — бескорыстны?..

От каждого — по склепу
Заброшенных идей,
Стремлений — всё худей.
Да, жизнь была — свирепа,
Извечно — в слёз росе...

Стихотворение *284*

Обуглившийся нимб

Обуглившийся нимб
Обнял неабсолютный смысл —
Насквозь.
Придуманный покой
Дерзил, метал — за слоем слой:
В душ злость.

И предназначенность лилась —
В ничто.
Порока власть —
Восторг.
Законченность брела
По стону лет.
Потерей сласть —
В укор.

Стихотворение *285*

Полет понятий

Задымлен иней,
Схватки жизненности —
Настойчив стук,
Но двери где? —
Неуспокоенностью истинности
Найду обет.

И праведность
Не взыщет ласковости —
Она не здесь.
Вонзает в ночь
Душа с опасливостью —
Разбуженности свет.

Полет понятий
Дышит замкнутостью
Ростков-минут.
С рассветом
На ничто раскладывается
Вектор успеха — спрут.

Стихотворение *286*

И в компонентах — смех
Зализывает раны
Искренности,
Наивность лет
Пронизывает
Эхом низменности.

Пойми себя — и сгинь,
Чтоб выжить — в них.

Продолжать

И — жизнь прошла,
И — солнце село:
Напиться всласть? —
А что же делать?

Нет, с нетерпеньем
Обреченно — жду Его опять,
Чтоб на колени молча встать,
Искусанные губы сжать —
И продолжать бежать...
И продолжать...

Стихотворение *287*

Рисунок

Насмехается прошлость над будущим,
Растворяются дымом кресты,
Смыслы каются в камере ужасов,
Долг застыл у последней черты.

Вновь бреду по окраинам светлости,
Повторяя молитву во сне,
Пью беду, чтоб рисунок отпетости
Набросать на истошной стене.

Поколения срезаны скальпелем
Перемен, обагренных виной —
Истирается времени калькою
Мглы рисунок над псевдостраной.

Перекрашу отчаянье в ненависть,
Разомну на палитре зла миг,
Слов распутье разрежу изменами
Тех, кто знал, но ростков не постиг.

Стихотворение *288*

Превратясь в отпечаток внеличностный
На стреле бесконечности в ноль,
Подожгу из рисунка звезд искренность
И вернусь в надоевшую роль...

Полная жизнь

Чем жизнь полней,
Тем смерти меньше страха.
Исчезнуть в ней —
И не о чем жалеть.

Ведь не конец пугает нас:
Желанно избавленье.
Все ищем, ждем,
Хотим не постареть.

А в результате —
Все напрасно:
Судьба — проиграна,
И ненависть детей,
Предательства друзей.

И — просто надоело...
Хочется — освободить скорей
От рано так растраченной души
Больное прошлым высохшее тело...

Стихотворение *289*

Шторы в молодость

Без передышки ночь
Завесами
Теней
Теряет голову —
Я с ней.
Беспамятством
Не превозмочь
Событий
Норова.

Отредактировать
Собор
Затихнувший,
Чуть дребезжащих слов —
Уже нет времени
Ствола.
Светящиеся
Купола
Задергивают
Шторы
В молодость.

Предел

Все потеряло смысл —
                     и нежности, и цели.
Чужие — веселятся, я — скорблю.
Тиха печаленность —
                     прикрашивает зельем
Как будто одиночества,
                     как будто — сплю.

Окно зашторивает плед
                     воспоминаний.
Они — чуть греют внешне,
                     чтоб — уйти
В неупрекаемую даль с крестами,
И там — услышать
                     нежное "прости".

В полет — за стол,
               спасительный и верный.
Оттуда не вернуться в прежних, но
                       чужих.
Забытый смех
           рисует неизбежный
Предел познания,
           предел значения — двоих...

Три кладбища

Горит законченность,
Мысль растворяется —
К себе не снизойти со дна.
Прощай восторженный
Мир, изголяющийся
Постыдной преданностью у окна
Мечты нетронутой —
Кладбища-комнаты
Влекут любовью, детством и родным.
Их озабоченность,
Высь одиночества —
Мне позволяет расстелить, как дым
Нерасставания.
Не тех лобзания —
Не успевают обагрить мой след.

Бужу сознание
О них листанием,
Чтоб вновь не слышать
Будничный ответ:
Жизнь —

        многомерное

                кладбище

С правом выхода лишь туда
Из липкой

        бесконечности

            коридора

Кричащей одинарки-одиночки,
Тонко связанной с миром нитями

        изощренных

            стихоформул

               души.

Туманность вечера

Туманность вечера —
Зашла и ждет.
Кричу, гоню,
Тщусь — незачем.
Из мыслей черных
Замок возведет,
Перелопатит прошлость,
Светлое — уймет,
Погладит нимб,
Изнежит сон.
Остановись,
Молебный звон —
Иду, иду за свечами...

Стихотворение *293*

Детский альбом

Все чаще листаю
Свой детский альбом,
Счастья альбом...

И падаю в прошлое
Не по спирали,
А — по прямой...

Давно нет людей тех,
Вот я — ухожу.
Искусственным смехом
Мечту не бужу.

Все чаще листаю
Свой детский альбом,
Счастья альбом...

Стихотворение 294

Сплин

Тяжело, здесь просто тяжело —
Память липкую театром успокоить.
Тяжело, здесь просто тяжело —
Умертвить, чтоб сохранить живое.

Не понять, нам просто не понять,
Почему судьба постыдно плачет.
Не понять, нам просто не понять,
Можно жить — лишь так, чтобы — иначе.

Не уйти, мне просто не уйти
От седин, от времени, от стужи.
Не уйти, мне просто не уйти
От себя, который им — не нужен.

Стихотворение *295*

Блиц

Годы за шторами в молодость
Переплавляют ничто
Свастикой нег, чтобы голодом
Творчества скрасить итог.

Свет на истомленных линиях
Вновь индевеет больным
Действием пьесы "Прости меня" —
Роли отдам временным.

За виноватыми окнами
Стелется прошлого сон.
Стану на край, чтоб захлопнуть их:
Шаг — и полет предрешен.

Замкнутый тор из отчаянья
Катится вниз по судьбе.
Исповедь брызжет молчанием,
Файлами сломленных лет.

Стихотворение *296*

Нет, не паду на колени ниц,
Не расплескаю мотив.
Партия с жизнью — последний блиц,
Мертвых фигур перелив...

Обесконечивание

Обесконечив неизбежность,
Безропотно узнав о дне,
Когда успешность,
Будто грешность —
Предстанет девственностью мне,
Обеспокою недостойность,
Проникну в прошлое до слез
Души прибоем,
Скрасив болью,
Чтоб не рождать из жизни слет
Непреднамеренности сытой,
Неуспокоенности злой,
Приму молитвой,
Страсти бритвой —
Тот мир,
Что не объял собой.

Стихотворение *297*

Постой

Безумье — в плач,
Надрывье — вскачь
По леднику
Остывших губ.

Ночь сном во сне
Дразнящих нег
Наперебой
Манит бедой.

Не назову
Крестов молву
Совсем чужой —
Ничто, постой!

Звонок в прошлое

Не звоните в прошлое:
Там — застывшие статуи чувств.
Не звоните в прошлое:
Лишь дрожат веки памяти — в хруст.

Ничего хорошего
Пусть не ждет на свободе от сна:
Лжи фасад ухоженный
Уведет взгляд на миг — со дна.

Лет парик изношенный
Колет иглами дней глаза:
Не звоните в прошлое,
Чтоб над будущим — крест не знать.

Стихотворение *299*

Вампир

Пустынный лист
             невыплаканных слез —
Страницу как заполнить,
           что оставить?
Кому, зачем?
             Бессмысленный вопрос.
Я был там. Нет. Ушедшесть —
           не исправить.

Истерики —
           бывают у мужчин,
Признанье —
           лишь подчеркивает силу.
Гитара не спасает —
           вновь один.
Чужие лица, страсти —
           все постыло.

Стихотворение *300*

Низвергнуть в урну слог,
                что не изрек,
Стереть все файлы
                нулевых размеров?
Кому пожаловаться
                на короткий срок
Внутриструны звучания
                аккордом серым?

Бросаю обреченный взгляд
                на мир:
Друзья, любимые,
                украденные дети
Промчались в миг.
                Святой вампир
Забвения оскалил время —
                мимолетьем...

Просто жить

Да черт с мечтой, с годами:
И всё — прошло, и все — прошли.
Мои друзья — перо и память -
Невозразимым обожглись.

Лже-смех растерянно-натянут,
Псевдовеселье — гложет честь.
Любить восход — не перестану:
Пусть прошлое — готовит месть.

Сожмусь, приму, лицо открою,
Позволю лестью отравить,
Чтобы искромсанную совесть,
Себя — забыть,
И просто, просто жить...

Костлявость времени

Костлявость времени
Событий сваи
В глубь души
Вбивает,
Не замечая,
Что — еще живой.
Пусть шаг
Желания
В золе неверия
Растает —
Не смей:
Я — твой.
Но в одиночество
Влюблен слегка —
Не трать же ревность
Попусту —
Создай
Себя и нас.
Ложь — вскачь

И прочь,
В истомленную пену.
Любовь —
Как Вечный Раз.
И на асимптотическую
Жизни сцену
Взбирается, смеясь,
Последний зритель и актер,
Чтоб — в ночь...

Не заметил

Я старость не заметил —
Не просят, не звонят.
Мои родные дети
Своих приводят в сад.

Бежать устал, а память
Пустым нельзя стереть.
Событий нет — с годами
Душе и не болеть.

Себя обдал я прошлым,
Но боль не унялась:
Резиновые ночи,
Холодная кровать...

Растрепанные ветви

Растрепанные ветви
Лобзают за окном
Раздробленную свежесть
Испитых нег хлыстом.
К стеклу лбом прикоснувшись,
В тумане спрятать взгляд
Безудержности — мудрость
Исколет вен фасад.

И обливаясь прошлым,
Рассерженной тоской,
Истрачивая сложность
На скорость и покой,
Не изорвать нетленность,
Не заменить не тем —
Взрыв радости вселенский
Излечит ран гарем.

СтихоДжаз

Отжитых лет постыдные минуты
Вопросов не таят,
Покоя не дают — откуда
Мне силы взять
Для будущих секунд?

От пересохших слез и прений
Бесконечных
Не с тем собой —
За право настоящим быть,
За вечность
Стремлений вдаль —
Хохочет снова жизни роль.

Но не склоненный
Силою и славой,
Бред сказок-снов
Не превращу
В реальности оправу.
Что ж, краток след:
Жду — ко всему готов...

Стихотворение *305*

Шум дождя

Шум дождя, незащищенность,
Неистраченность ночей...
Как с подъема видно склоны,
Так в конце — себя видней.

Не нарушив изначальность,
Не увидишь ее крест.
Оглянись на погребальный,
В красном свете рока перст.

Отвратимость — не помеха,
Безысходность — не простит.
Взлет, охваченность успехом —
Лет остаток освятит.

Стихотворение *306*

Сто дней

Сломленный смысл
Горит над отчаяньем —
Был, мог, но смыл
Полет в неприкаянность:
    Знаю, что брел — на разлад.

Зеркало снов
Мне корчило будущность,
В кладезь долгов,
Истомленных мудростью,
    Брошен последний квант зла.

Где вы, сто дней,
Заполненных роскошью
Лишних ролей,
Наивом изношенных,
    Где поворот лже-луча?

Стихотворение *307*

Выстрелом в миг
Утраченных личностей
Выращу стих,
Свободный от нищенства,
    Чтобы уйти — не смолчав.

Лёд

Остывший жертвенным испугом
Успеха незаметный след
Сломил лёд тонкий и упругий
Извиноваченных лже-лет.

Из поднебесья опускаясь,
Заигрывая с нег толпой,
Вдруг узнаю причину, маюсь
В надрыв распластанной душой —
Причину раболепья схваток,
Заснеженности выси жал,
Безумья радостей извратных,
Отторгнутости тех, кто звал.

Останови мгновенье вечность!
Не успокаивайся сном! —
По сломанному льду уздечка
Наива тянется щитом.

Стихотворение *308*

Она не разорвет на части
И не позволит лечь на дно —
Засилье одиночья власти
До счастья смоет быта стон.

Но не потери в крик заставят
Запорошить поле утех
Зёрнами смыслов новых — старость
Иссушит боль,
Оттает смех.

За неистраченной расплатой
Проникну в черный ход судьбы,
Чтобы понять себя распятым,
Чтоб их без лишних слов — любить.

Времени коса

О! Времени коса!
Остановись!
О! Лезвие Ничто,
Направленное ввысь —
Замри,
Чтоб сниться
Будущим себе,
Чтоб знать,
Что не растаял след,
Что не успел
Солгать.

О! Мудрости Богиня —
Старость!
Сними меня
С копий наивных слов —
Шипов желанных роз,
Сожги
Мой Дух за радость
Непредсказуемых шагов
За горизонт,
За звон
Пустой
Тех, что придут.
А мне?
Что мне? —
Готов...

Бьюсь прошлым

Бьюсь в истерике прошлым —
Только в нем была сласть.
Невод счастья заброшу
В море снов, чтобы страсть
Обрелась из наива
Нескончаемых лет —
В них забуду тоскливость
Искалеченных нег.

Превращу смех в страданье —
Надоевший сюжет.
Бесконечных желаний,
Исполнений — на нет.
Обновляю палитру
Непрочитанных слов,
Ими скрасить обитель
Предстоящих долгов.

Стихотворение *310*

Не ушел

Нет!
Не ушел —
Лишь ненавижу прошлость.
И зол,
Чертовски зол, что жив.
Безумная оплошность
Влюбленно-ненавидящих врагов.

Изнемогал —
Устал.
Жизнь будто бы нарочно
Обрел.

Но где же, где же смысл?
И зов истошный
От бесконечного падения спасал.
Последний зал —
Иллюзий бал.
И занавес —
Упал...

Стихотворение *311*

Забывчивость

Осталось
Жизни —
Много меньше,
Чем рассчитал,
Над ней глумясь.
Желаний,
Удовольствий,
Женщин —
Внутрь допустил,
Забыв о вас,
Вечно
Влекущие,
Святые,
Полные страсти,
Глубины —
Познанье,
Разума стихия,
Внутренний дух,
Вселенной лик.

Стихотворение 312

Листья

От грусти листья свернуты —
Засвечивают комнату,
Нам шепотом надорванным
Зачеркивают близь.

Как зверь — мечусь в истерике,
Предчувствиям — доверие,
Желаньям неизмеренным
Кричу: "Вы заврались!"

Расстреливая будничность,
Они разят поруганность —
Не счесть улик надуманных,
Чтоб негой наводнить.

Укроюсь невозможностью
Расклинить блажи прошлое,
Страданием изношенным —
Итог воспламенить.

Стихотворение *313*

Том

Казалось всуе — время есть, успею.
Мечталось глупо —
              жизни полный том.
Страниц последних горсть обнял,
              немея
От нечитаемых, с пометкой —
              "на потом".

Постигнет участь
              все мои стремленья —
Та, что изложена в чужих томах
              вдоль стен,
Которые кишат забвеньем,
Перекореживая
              лживых снов рефрен.

Стихотворение *314*

Предстану перед ним,
            смеясь от боли,
Изнемогая ожиданьем слов —
Последних в этом
            низменном застолье
Идей пустых, отравленных богов.

Стой

Слипшиеся веки,
Холод жалких столетий,
Капли времени — в ночь,
Неприкаянный — дождь.

Сгинувшие страсти
Льют в ничто псевдосчастье,
Превращая смысл — в бред
Отторгаемых лет.

Сросшиеся дети
От наива и смерти —
Сверхпредчувствия лгут
Извращеньем минут.

Сущностные роли —
Прерывают застолье,
Чтобы скрасить удел
Целей тех, что — не смел...

Стихотворение *315*

Чуть веришь — стой,
Всё спел — изгой:
Уймись,
Прости —
Изгинь...

Мотивы лет

Мерцающие облака —
Застыли
В предожиданьи бешеных картин.
Судьбы невинная рука —
Прости мне.
Все предсказанья — чушь.
Уйду — один.

Просроченные платежи —
Не тают
В недонебесье низменных страстей.
Цветы восторга, не дожив,
Ласкают
Простором ненависти
Недопетых дней.

Стихотворение *316*

Уставший взгляд — померк. Шаги —
Исчезли
За горизонтом бесконечных "что ж..."
Разрыв с разрывом — крест. Изгиб
Всех "если..."
Рисует ноль —
Очередной грабеж.

Заставлю не заметить — смех
На плахе
Потусторонних целей и побед.
Высь одиночества — побег
Вне страха
По нескончаемым
Мотивам лет....

Бред

Я бредил детством после юности,
Не знал, куда бежать, где жить.
Действительность — грозила скудностью,
Пытаясь лестью отравить.

Отвергнув сотни верных мизеров,
Вистуя честную игру,
Разбрасываясь maxi-жизнями,
Постиг, что есть — успеха спрут.

Но где — долина бесконечная,
Что выводил из формул сна?
И лишь — отстойник внутригрешности
Ласкал и нежил — тенью дна.

Переиначенные истины,
Не отражайте недомир.
Отстреливаясь — детства листьями
От одиночества рапир,

Стихотворение *317*

Исчерчиваю — холст отчаяньем,
В крик растворенной суетой:
Душа — усталая, покаяна,
Надрывно шепчет: "Будь с мечтой".

Замри восторженность

Замри восторженность,
Растаяв смысл —
Жуть уничтоженных
На горсть живых.

Оскал недремлющей,
Укор святых,
В больную землю я
Вонзаю миг.

Извиноваченность
Поглотит крик,
А жизнь — истрачена,
Уже — старик.

Лицо откроется
В последний раз
Молитвой смоется
Все, что припас.

Стихотворение *318*

Поверхности

Сморщенные усталости
От жизни, любви, общения.
Недосчитываюсь оставшихся —
Они мелочней, их все менее.

Сросшиеся поверхности
Безупречности и невежества —
Блестят...
Вкрадчивые признания
О несуществующих скитаниях —
Знобят...

Проваливаюсь в бесконечное,
Проницательностью размахивая.
Перемножающиеся вечности
Неисполнимыми грозят страхами.

Стихотворение *319*

Прижизненые погрешности
Размазывают безнежности —
По льду...
Неиссякаемость варварства
Прошлому мстит ударами —
Уйду...

Пустой от лет

Вдруг
Проснусь —
Пустой от
Непрожитых лет.

Ноет
Пусть
Душа —
Все же найду в ней свет.

Обойдусь
Без нищи
Мелочных страстей.

Оживлю
Снова
Родившегося —
В ней.

Путь в прошлое

Отрезан путь,
И в прошлое — ни шагу.
Оно — колодец тьмы,
Где дно поет — ничем.

Остынь достоинства
Изглоданная жизнью падаль,
Затми завесой дымною
Бессовестность
Семейных сцен.

В стране печали
Время годы вяжет
Из нитей хлипких целей,
Тоненьких ростков любви.

И вот уже —
Холст чернью напомажен.
А те, кто будто
Правду знали, где? —
Ушли.

Стихотворение *321*

Останьтесь на мгновенье
В письмах желтых
И в фотографиях настенных,
Как часы.
О, грешники
И все, кто будто зол был,
Хотя бы там
Найдите сил —
Чуть-чуть простить...

Ангел

Ты не грусти, мой ангел злости:
Пройдет не все — лишь стон и страсть.
С тоской на раненом погосте
Душа, уставши, обнялась.

Не разводи мосты над склепом
Всепоглощающих оков —
Истраченность ростков, нелепость
Погибших лет, ненужных слов.

Заставь других молить о счастье,
Свой мир не втаптывай в ту грязь.
Судьба сомкнула на запястьях
Ложь-приговор, опять глумясь.

И — прекращается свиданье
С мотивом-бредом: в ночь стучась,
Изненавидя оправданий
Наивных гроздь, приму их власть.

Стихотворение *322*

Две осени

Что смотреть в окно на листья? —
Да, желтеют, мрут, летят.
Провожая осень жизни,
Не вернуть весну назад.

Страсть остыла, песнь отпета.
Танцевать? Кому? Зачем?
Смыслов радостное лето
В Лету кануло — ни с чем.

Приоткроет ли завесу
Нить судьбы, как то прознать?
Не уйти б от лживой пьесы
Целей. В морг —
Палит война...

Стихотворение *323*

Вопрос

Он же весь белый —
Жизни потолок.
Больные нервы —
Сна душ блок.
Униженность —
Лишь слой
Безличностности.
Рой испитых,
Ненасытных нег.
Вместо любимых —
Похотливый смех.
Стремлений
Кладбище,
Волос парик,
Заменами продлить
Бесцельный миг.
Зачем? —
Горит
Нетронутый вопрос.

Стихотворение *324*

Будни

Вижу лишь серые будни я,
От них никуда не уйти живьем.
Врастаю в ненужность трепетом,
И от тщетности — в крик не спастись.
Проходят минуты россыпью,
Года забывают честь отдать.
Давно уж на них не рассчитывать,
Чтобы не было стыдно уйти.

Прячутся формулы нежности,
Чтоб не терять объектов ноль.
Пересыхают губы в стон —
Снова некому их искушать.
Прежними смыслами не закрыть
Темной энергии недочувств.
Ну и тогда зачем жалеть?
Мы все признаны будем — там...

Стихотворение 325

Желтизна век

Желтизна век
Измучена знаменьем,
Жизни пламенем.

Глубина лет
В ничто оправлена —
Нищи скальпелем.

Отверни лик
От ночи бушующей,
Ложь смакующей.

Улови миг
Полета нетленного —
Сквозь вселенную...

Стихотворение *326*

Ненависть

Отставлю ненависть от грусти,
Испеленаюсь в перезвон
Пустынных лет — кому здесь нужен
Размытый в память страсти склон?

Усталый взгляд в себя бросаю,
Перезачеркиваю суть —
Какие цели обласкают,
Дадут еще хоть раз вдохнуть?

Заклеен миг в могилу мигов —
Им тошно, и живут они
Лишь в тех,
Кто верит, что для них был —
И первый, и последний миг.

Стихотворение *327*

Свиданье

Вновь назначаю
              прошлому свиданье,
В несчетный раз
              изолганный толпой,
Сном оправданий,
Греясь неустанно
Над смертью
              нарисованной судьбой.

Смысл, на котором
              держится пространство
Моей души,
              пытаюсь превозмочь,
Бьюсь в жизни танце —
Дна протуберанцы
Рассеивают ненависти ночь.

Стихотворение *328*

Пью надоевший
                чуждости напиток,
Прозрачный, лет
                разбавленный кольцом.
Крик поглотится
Близостью — испитость
Прикрою искореженным
                слезой листом.

Коса времени

О, времени коса,
Остановись.
Обманутось ничто,
Направленного ввысь —
Замри,
Чтоб сниться
Будущим себе,
Чтоб знать,
Что не растаял след,
И не успел —
Себе солгать.

Стихотворение 329

О, мудрости богиня —
Старость.
Пойми меня
В копиях лишних слов —
Шипах падежных роз,
Прибереги
Мой смысл за радость
Непредсказуемых шагов —
За горизонт.
И звон
Пустой —
Тех, что
Бессмысленно придут.

А мне?
Что мне —
Готов...

Объятия жизни

Хохочущая жизнь
Прячет в объятиях
Своих — мой свет,
Подбрасывая в сказку лет,
Уже чужих,
От исковерканной души
Болеточащие куски-отнятия.

О! Нет!
Молитва сладкая и слепота
Не превратит их в зов:
Стрела-убийца времени —
Лишь в плюс.
Давно хотелось крикнуть "Да!"
В мечты зловонный ров.

Стихотворение *330*

Теперь мне все равно —
Остаток убывающий
Перетерплю,
Истомленный,
Проникнувший,
Убеленный,
Растаявший...

Перемена

На эшафоте-простыне
От боли тело извивалось —
Чем растопить глубинный снег
Мне близких, что же в них осталось?

Сотни дежурных фраз на зов,
Душ пресность,

холод сожалений нищих

—

Был ко всему давно готов.
Но к этому?

За что?

Кто взыщет?

Нет, не предвидел и не ждал —
Взорвалась истина из плена.
Дорога длинная —

так жаль,
Уроки кончились,

а думал — перемена.

Стихотворение *331*

Смерть

Когда под игом — лет,
Как снегом лес укутав,
Сгибает ветви чувств
Ушедших нег покров,
Измучивает слух
Исчезновенье звука
Прикосновенья той,
Что знал — без лишних слов.

Она срывала нерв,
Смеясь, дерзила в проседь,
Не спрашивала жертв,
А просто их брала,
Миг не остановил
Ее безумный профиль —
Чтоб жизнь до дна постичь,
Разрушить все могла.

Затормозить покой
Истомленности сытой,
Обезобразив быт
Причинами не-сна,
Сложив из красок-душ
На временной палитре
Неповторимый крик:
Так жаль, что лишь одна!

Ядро

Ползущий вечер —
                    вновь от лет усталый
Перевожу стон-взгляд
                    с обоев на венок
Ушедших нег — мечта моя
                    распалась
Ядром исконности
                    от тщетных внутрисклок.

Событий нет — переношу соблазны
На их могилу: руки —
                    в кровь, душа — навзрыд.
Листаю ночь — страниц уж нет не разных,
Осталась горсть —
                    стремлений мертвых стыд.

Стихотворение *333*

Уснул вне сна,

                раскормленный успехом,

Разбив прогнозы

              памятью истратных дней:

Полет застыл

              на высшей точке — смехом

Над прежних псевдосмыслом,

            чтоб упасть — больней...

Звезды

Звезды — названы,
Мифы — раздавлены:
Укутываюсь лже-правдою.
Ускользаю,
Рассветом израненный —
Слезы — высохли,
Дети — раскрадены.

Смыслы — смазаны,
Боги — отравлены:
Проникаю в ничто фразою.
Прошлым — предан,
На будущем — целей даль.
Все, что было,
Не то — и не жаль...

Стихотворение *334*

Прошлое

Десятки старых фото — ночь нежна...
Как будто я не там,
Не там, а здесь.
Святое детство — терпкий вкус вина
Невозвратимости: проснулся и исчез.

Безоблачность, всеобщая любовь,
Забота о зубах, еде и стуле —
Все кануло в ничто, сколько ни стой
На лицах незнакомых улиц.

Прилипчивое "раньше", отвяжись!
Вздохнуть позволь ненужным настоящим.
Нет!
Жизнь не исполняется на бис.
Всю память — в прошлое:
За виртуальным счастьем.

Стихотворение *335*

Ком

Слепну от снов-пожарищ,
Сломленных лет и целей,
Крепну от слова "старость"
И разминаю ком —
Вскормленных пеной стада —
Тщетных души изделий:
Будет мне там награда —
Жизни истлевший том.

Выпью привычный запах
Трупов-долгов, свершений,
Слитых в нездешних пабах
Будто моей судьбы.
Выжму останки страха,
Корень залью сомненьем,
Чтобы изнежить прахом
Путь в никуда — и быть...

Стихотворение *336*

Искусственность лет

Искусственность
                    лет,
Отторженье
          незримого
                    смысла,
Потерянность,
              бред,
Зря-исканья,
            остывшесть
                    ума.
Мечта
          ускользает
Из неприкасаемой
              жизни,
Глубинность,
            отчаясь,
Находит
          восторженность —
              в снах.

Стихотворение 337

Стремлений похоронки

Не счесть ростков
Растопленного мига —
Из лепестков
Наивности
Родился —
Влечений холм.

Где берег? —
Ночь...
Кто верен? —
Прочь...

Истасканности спид,
Желаний стыд,
Изрезанная грусть —
Боюсь...

На днище лет —
Стремлений
Похоронки...

Стихотворение *338*

Встреча

С бронзовым загаром
Под судьбы огнем
Я встречаю старость —
Жизнь была, как сон.

Не вернуть успеха,
Не забыть невзгод.
Так **ничтожно** сделал —
А уже зовет.

Лучшую не встретил —
Лишь перебирал.
Множество отметин —
Зря их обижал.

Голову седую
В руки положил —
Жаль в свои: молю я,
Чтобы не остыл.

Стихотворение *339*

Часть IV

Переводы

Фонтан

Сей день померк, увял —
На мех густой его сползает синева.
Крик птиц — уснул
В дозволенном судьбой кругу.

И снова — неустанный гость,
И — быстрый в ночь ответ,
И — продолжающийся путь
На край стекающих минут.

Фонтан все же поет — незыблем,
Его бассейн прохлады свежесть
                               преподносит,
И черный дрозд, и воробей
Играют в брызгах струй воды.

Но это — не восторг от изверженья
Того, источник чей не истощится
                               никогда,
Который наполняет безмятежным
Всей Вечности момент.

Стихотворение *340*

Придешь и ты испить
Из губ невинной чаши —
Краткой весны теченье,
Которая сама — сок Времени.

Поль Кэридж, Франция

Ночная прогулка

Мой Бог! Я много слишком пью, курю,
Мне нравится за юбками таскаться.
Коль плох — так плох, а хуже-хуже,
Вдруг понял, что такой — и все.

Нашел ли Ты других, о Боже,
Чьи слабости видны Тебе?
А если да, то — где? Хотел бы знать,
Надежда ль существует для меня.

О! Боже! Выпил я сегодня вновь,
Но только лишь чуть-чуть,
И не таскался вовсе,
Пытаясь думать молча о Тебе.

Вот улицы глухой тупик —
Ты говорил нам это.
Нашел я сам и для себя его,
Не ведая, куда идти.

_____

Стихотворение *341*

Ты шествовал так много миль,
С моей любовью ли? —
Молю Тебя...
И ночь — темна...
И — вижу путь с трудом...

Поль Шеперд, США

Алфавитный указатель произведений

Алфавитный указатель произведений

Алфавитный указатель произведений

Алфавитный указатель произведений

Алфавитный указатель произведений

Алфавитный указатель произведений

Алфавитный указатель произведений

Об авторе

Степан Дуплий, физик-теоретик, поэт, музыкант, родился в Чернышевске-Забайкальском, недалеко от Читы, в которой и провёл детство. Затем родители переехали в Харьков, где он окончил школу, университет (начинал на радиофизическом и заканчивал физико-технический факультеты), защитил кандидатскую и докторскую диссертации по теоретической физике. В настоящее время доктор физико-математических наук Степан Анатольевич Дуплий имеет более 100 научных публикаций и 7 научных книг, занимается исследования по квантовым вычислениям и математической физике в Германии. Степан Дуплий пишет стихи и прозу на русском и английском языках, регулярно публикуется в отечественных и международных литературных журналах, а также на литературных интернет порталах. Кроме того, он окончил музыкальную школу и аккомпанирует себе на гитаре. Степан Дуплий написал 14 книг стихов и прозы (из них 6 на Амазоне), также является членом Российского союза писателей с 2015 года и награжден медалью Бунина (РСП 2020). Во время научных поездок в Англии, Германии, США, Китае, Испании, Польше он проводил творческие встречи (поэзия и авторская песня), а также записал CD/MC-альбомы и отдельные песни на профессиональных студиях в США и Германии. Книга представляет собой наиболее полное собрание стихотворений и переводов автора.

About the Author

Steven Duplij (Stepan Douplii) is a theoretical physicist, poet, and musician from Munster, Germany. Born in Chernyshevsk-Zabaikalsky, Russia, he studied and worked in Kharkov, Ukraine. He is a Doctor of Physical and Mathematical Sciences (Habilitation) and has more than a hundred scientific publications. His poems and mini-prose in Russian and English have been published in Russian and international literary journals. He is a Member of the Russian Union of Writers. He holds creative meetings with lovers of poetry and art, especially during foreign scientific trips to the USA, England, Germany, China, Spain and Poland. He has recorded several CD albums as well as individual songs at studios in Germany and USA. He has also authored books on poetry and prose in nine languages. This book is a full collection of Steven Duplij's poems and translations in Russian.